Wie erkenne ich Manieristische Kunst?

Gondrom

Inhalt

Genehmigte Sonderausgabe für Gondrom Verlag
GmbH & Co. KG, Bindlach 1991

Autor: Gerd Betz
Idee: Harry C. Lindinger
Zeichnungen: Werner Neidhardt
ISBN 3-8112-0759-8

Einleitung

Der *Manierismus* ist die Kunst der stilistisch selbständigen Übergangsphase zwischen *Renaissance* und *Barock* in der Zeit zwischen 1530 und 1600. Er läßt sich in allen Kunstgattungen - Architektur, Skulptur, Malerei - und ebenso im *Kunsthandwerk* und in der *Mode* der Zeit nachweisen. Es handelt sich um einen bedeutenden Zeitstil, der auch in der *Literatur* seine Entsprechungen hat.
Der Begriff *Manierismus* geht auf den vielseitigen Florentiner Künstler und Kunstschriftsteller *Giorgio Vasari* (1511-1574) zurück, der den Spätstil *Michelangelos,* von dem er selbst ausging, als die vorbildliche *maniera* bezeichnete, dem die Künstler seiner Zeit nacheifern sollten. Die großen Meister der Renaissance hatten in ihrem Bestreben nach klassischen Lösungen zahlreiche Meisterwerke hervorgebracht, auf die einerseits die Künstler einer jüngeren Generation zurückgreifen konnten, über die sie jedoch auch selbständig und eigenwillig hinausgehen wollten. Dieses Verlangen führte zum *Manierismus,* teilweise auch zu einer Manieriertheit, die jedoch in der Epoche als reizvoll empfunden wurde.
Der Manierismus des 16. Jahrhunderts ist der Stil einer unruhigen Umbruchszeit. Um 1500 wandelte sich das Weltbild und das Lebensgefühl der Menschen in Europa entscheidend. Die *Neue Welt* mit ihren noch unentdeckten Weiten trat ins Blickfeld, die *Reformation* hatte die Einheit des Mittelalters gesprengt. Neue Entscheidungen und eine neue Stellungnahme waren erforderlich. Der *Manierismus* spiegelt diese nervöse Gespaltenheit.
Zahlreiche bedeutende Künstler schufen an den großen Kunstzentren Europas diesen Stil, in Italien, Frankreich, Deutschland, England, Spanien, den Niederlanden.
Der manieristische Stil hat typische Charakterzüge, die immer wieder hervortreten, er liebt das Komplizierte, Raffinierte, Geistreiche, Überraschende, Gesuchte und Ausgefallene, die zur Schau gestellte Virtuosität und die einfallsreiche Kombination gegensätzlicher Materialien.
Italien, das schon in der *Renaissance* führend gewesen war, besaß mit dem päpstlichen *Rom,* dem *Florenz* der

Der *Manierismus* ist eine Kunst der Übersteigerung. Das klassische Maß der Hochrenaissance wird verlassen, zugunsten virtuoser und raffinierter Wirkungen. Das *Florenz* der kunstliebenden *Medici* war ein führendes Zentrum dieses Kunststils des späteren 16. Jahrhunderts. Im *Palazzo Vecchio in Florenz* ließ *Francesco I.,* Großherzog von Toskana, in den Jahren 1570–1572 sein berühmtes *Studiolo* einrichten und unter der Leitung des *Giorgio Vasari* künstlerisch ausstatten. In diesem fensterlosen Raum, in einer völlig künstlichen Umgebung, verbarg er in Wandschränken seine reichen naturwissenschaftlichen Sammlungen. Ebenso widmete er sich hier geheimnisvollen alchimistischen Experimenten. Die Neigung zum Skurrilen, Bizarren, Raffinierten, geistreich Gesuchten ist typisch für diesen Stil.

Medici und dem *Venedig* der Dogen wichtige Zentren der manieristischen Kunst, die als Übersteigerung der Hochrenaissance zu verstehen ist.

Die Künstler jener Zeit unternahmen ausgedehnte Reisen und waren bemüht, die neueste Entwicklung persönlich kennenzulernen und daran mitzuwirken. Die *Fürsten* und die Vornehmen sahen im Manierismus einen Kunststil, der ihrem Bedürfnis nach geschmackvoller Repräsentation und geistreicher Unterhaltung, nach Kostbarkeit und erlesener Schönheit entgegenkam. Die Künstler der Epoche waren daher häufig im Auftrag der *Höfe* tätig.

Durch wandernde Künstler und graphische Vorlagen fand der Manierismus rasche Verbreitung. Der in Brügge um 1548 geborene niederländische Maler *Peter de Wit,* der sich *Candid* nannte, lernte in jungen Jahren bei *Vasari* in Florenz und arbeitete seit 1568 als vielbeschäftigter Hofmaler in *München,* wo er 1628 starb.
Sein am Ende des 16. Jahrhunderts gemaltes Bildnis der bayerischen Herzogin Magdalena zeigt typische Wesenszüge des Manierismus: die Vorliebe für den zugespitzten und übersteigerten Aufbau, die ungeheure Schmuckfreude, die sich an Borten, Spitzen, Filigran, Glanzlichtern und unruhigen Detailformen, die dem Zwang harter Rahmung unterworfen sind, nicht genug tun kann. Der Gesichtsschnitt ist längsoval, die Finger vereinen sich zu zugespitzten Gebärden.

In der Zeit vor dem Dreißigjährigen Krieg, der die Blüte beendete, entstand eine erstaunliche Fülle manieristischer Bauwerke und Ausstattungen, virtuoser Skulpturen und Brunnen, raffinierter Bildkompositionen und Porträts. Die Epoche liebte Prunk und Schmuck, Schauspiele, Festzüge und Gastmähler, Tanz und Feuerwerk. Die Künstler des Manierismus waren in der Lage, mit ihren Meisterwerken diesem Anspruch hervorragend gerecht zu werden und dem Leben der Zeit Bühne und Rahmen zu geben.

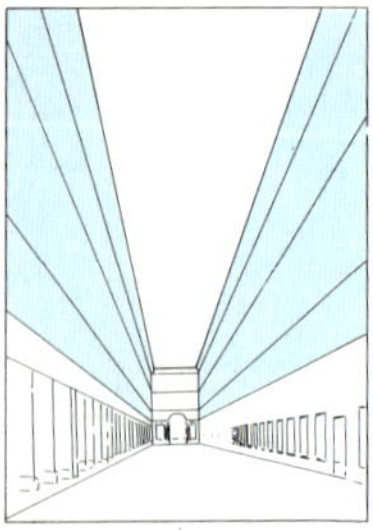

Der Hof der *Uffizien in Florenz* wurde zwischen 1560 und 1588 erbaut. Der Medici-Herzog *Cosimo I.* ließ nach Plänen des vielseitigen *Giorgio Vasari* (1511–1574) dieses monumentale Gebäude errichten, das für seine Verwaltung bestimmt war und heute die weltberühmten Kunstsammlungen aufnimmt. Typisch manieristisch ist der Sog des schmalen Hofes zwischen den beiden mit gleichförmigen manieristischen Dekorationsformen geschmückten, langgestreckten Flügeln, die am Ende durch das Joch einer triumphbogenartigen Loggia verbunden sind. Die endlose Reihung und der heftige Tiefenzug sind ebenso typisch für den Manierismus wie die mechanische Anwendung übersteigerter Architekturdetails, die schon bei *Michelangelo* und *Peruzzi* vorkamen.

Die Architektur

Florenz war seit der Renaissance eines der führenden Kunstzentren Europas, und es behielt auch während des *Manierismus* diese Bedeutung. Die mäzenatischen *Medici* waren hier sowohl für die Politik als auch für die Kunst stilbestimmend. *Giorgio Vasari* (1511–1574) ist einer der führenden Künstler, den sie mit zahlreichen Aufgaben betrauten, seine Universalität und sein Lebensweg sind in gewisser Weise typisch für den *Manierismus.* Der Künstler wurde in Arezzo geboren, wurde als Glasmaler handwerklich ausgebildet, betrieb humanistische Studien und kam 1524 nach Florenz. Im Auftrag des Kardinals Ippolito de'Medici ging er 1531 nach *Rom,* wo er unter den Einfluß des großen *Michelangelo* geriet, dessen *maniera* er selbständig nachahmte. 1542 schuf er in Arezzo große Fresken in seinem eigenen Haus und übernahm dann an verschiedenen Orten große Aufträge. 1550 kamen seine berühmten Lebensbeschreibungen italienischer Künstler heraus. Um 1554 ließ er sich endgültig in *Florenz* nieder, wo er zahlreiche Schüler um sich scharte. Herzog *Cosimo I.* ließ seit 1560 nach Plänen von *Vasari* im Anschluß an den mittelalterlichen Palazzo Vecchio in Florenz, der ihm als Residenz diente, das zweiflügelige, langgestreckte Behördengebäude der *Uffizien* errichten. Das Bauwerk sollte die Piazza della Signoria mit dem Arnoufer verbinden. Der untere Abschluß durch die triumphbogenartige Loggia erfolgte im Jahr 1568. Nach dem Tod Vasaris führte sein Schüler *Buontalenti* (1536–1608) den Bau, der zu den typischsten Verwirklichungen dieses virtuosen Stils zählt, zu Ende.

Dem Geschmack des Manierismus entspricht der energische Tiefenzug, der durch die Horizontalbetonung der Geschosse, Gesimse und Dachkanten sowie die rasche und monotone Abfolge gleichmäßiger Dekorationselemente hervorgerufen wird. Der Manierismus hat die Neigung zur Suggestion endloser Bewegungsabläufe und zentrifugaler Komposition. Die Auflösung des obersten und des untersten Geschosses in Loggien und Kolonnaden und die daraus resultierende Schwere und Geschlos-

DISEGNI

► Der *Manierismus* strebte nach Baulösungen, die über die Harmonie der Hochrenaissance hinausgehen. *Michelangelo Buonarroti* (1475–1564) war einer der großen Wegbereiter dieser Übersteigerung. Im Jahr 1523 erteilte ihm der Medici-Papst Clemens VII. den Auftrag, Entwürfe für den Neubau der Medici-Bibliothek in *Florenz* auszuarbeiten. Die Planung für deren Vorhalle zog sich über Jahrzehnte hin. 1558 schuf der große Bildhauer ein Tonmodell für die *Treppenanlage*, das an *Bartolommeo Ammanati* (1511–1592) geschickt wurde, der die Ausführung der Bauarbeiten überwachte.

senheit der mittleren Zone entspricht der Neigung des Manierismus zum Ungewöhnlichen, Gegensätzlichen, Einfallsreichen, Überraschenden. Vasari, der auch mit zahlreichen Aufgaben für Festdekorationen betraut wurde, achtete stets auf bühnenwirksame Effekte, was seinem Bau zugleich kulissenhafte Unwirklichkeit gibt. *Michelangelo Buonarroti* (1475–1564) war einer der einflußreichsten Künstler für die Entwicklung des Manierismus. Er war, mit genialem Gefühl für plastische und räumliche Wirkung begabt, sowohl Bildhauer, Architekt als auch Maler. Auch für ihn war die Beziehung zu der kunstfördernden Medici-Familie entscheidend. Als Kardinal Giulio de'Medici im Jahr 1523 zum Papst gewählt wurde, erhielt Michelangelo den Auftrag für den Neubau der *Biblioteca Laurenziana in Florenz.* An dem *Treppenaufgang* in der *Vorhalle* der *Bibliothek* zeigt sich sein plastisches Vermögen. Der Bildhauer schuf zunächst ein Tonmodell, das er 1558 von Rom aus an *Ammanati* schickte, der mit der Bauaufsicht betraut war. Der Neigung des Manierismus zu einem komplizierten Zeremoniell entspricht die Aufteilung der Treppe in drei Läufe, die mittlere Treppe ist für die Herrschaft bestimmt, die seitlichen für das Gefolge. Die zwischen niedrige Baluster eingezwängten Treppenläufe ergeben ein unruhig-dynamisches Bild, das durch die rund herausgedrückten Stufen der mittleren Treppe gesteigert und bereichert wird. Die dekorativen Architekturglieder der Vorhalle, Voluten, Säulenpaare, Pilaster, die aus dem Repertoire der Renaissance stammen, sind in manieristisch-eigenwilliger Koppelung und ohne Rücksicht auf die herkömmliche Regelmäßigkeit der Ordnungen eingesetzt. Typisch manieristisch ist die drangvolle, gegensätzliche Dynamik, Koppelung und Unterjochung bei gegenläufiger Bewegung. Raum und Form stehen in wirkungsvollem Gegensatz.

Den bedeutendsten Auftrag als Architekt erhielt Michelangelo 1546 in *Rom,* als er mit der Bauleitung von *St. Peter* betraut wurde. Durch die bereits bestehenden Teile des monumentalen Bauwerks waren Maße und Proportionen grundsätzlich festgelegt, doch faßte der geniale Bildhauer-Baumeister die Formen so dynamisch zusammen,

Der Michelangelo-Entwurf für die *Treppenanlage* in der Vorhalle der *Biblioteca Laurenziana* in *Florenz* erweist den Künstler als einen eigenwilligen, plastisch empfindenden *Manieristen.* Die Architekturglieder sind unklassisch übersteigert, mit den im Sockelgeschoß angebrachten, überlängten Voluten, den in engen Nischen eingezwängten Säulenpaaren, den flachen Balustergeländern der Treppe, den seitlichen Podesten und den gerundeten Mittelstufen.

daß seine monumentale Kuppellösung bis in die Barockzeit als vorbildlich galt. Michelangelo gab durch sein plastisches Können auch dem *Palastbau* wesentliche Impulse. In *Rom* gestaltete er die Neuanlage des *Kapitols,* ebenso vollendete er den von *Antonio da Sangallo* begonnenen *Palazzo Farnese.* Während die Paläste der *Renaissance* im 15. Jahrhundert zurückhaltende, flächige Fassaden aufweisen, tritt hier das Streben nach körperhafter, dynamischer Monumentalität hervor. Durch die Hinzufügung eines mächtigen Kranzgesimses und die Betonung der Mittelachse, im Gegensatz zu den vertikal gelagerten Geschossen, tritt die gegensätzlich-manieristische Haltung hervor. Der Manierismus hat hier, wie so oft, den demonstrativen Charakter des Unausweichlichen, Bedrängenden. Die Spannungen bleiben bei diesem Stil ungelöst. Für den *Palastbau* gab es im 16. Jahrhundert, in einer auf fürstliche Repräsentation bedachten Epoche, zahlreiche Aufgaben. Ältere, bestehende Paläste wurden manieristisch ausgestattet und erweitert, soweit nicht völlige Neuanlagen vorgenommen wurden. In *Florenz* erwarb

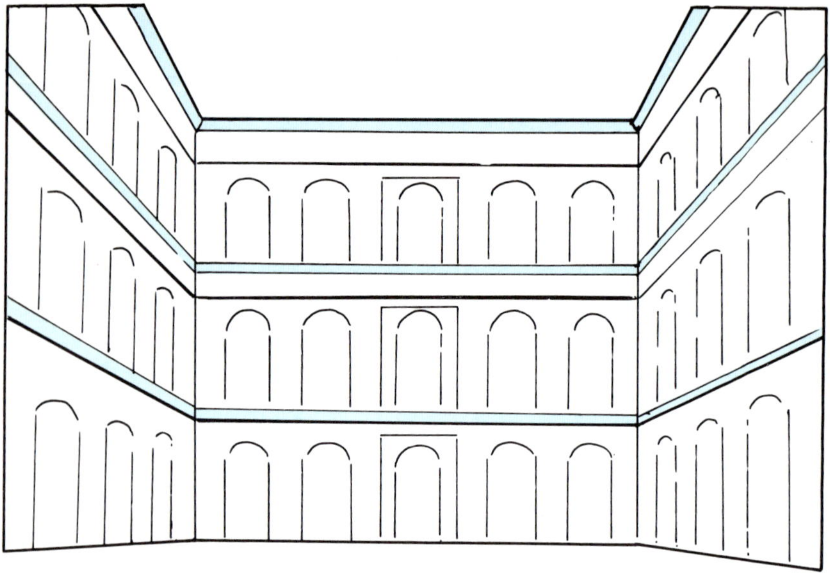

Zur Zeit des *Manierismus* bestand ein lebhafter künstlerischer Austausch zwischen den Zentren *Rom* und *Florenz,* die in Italien und in Europa auch noch im 16. Jahrhundert tonangebend waren. Der *Palastbau* gehörte zu den wichtigsten Bauaufgaben der Epoche. Der Baukörper stand in enger Verbindung mit dem Raum, der in Binnenhöfen umklammert wurde und ebenso mit künstlich gestutzten und geometrischen Garten- und Parkanlagen.

Cosimo I. im Jahr 1549 den seit einem Jahrhundert bestehenden Renaissancepalast, *Palazzo Pitti.* Seine Gemahlin, *Eleonora von Toledo* ließ zunächst auf der Rückseite des Gebäudes einen ausgedehnten Garten anlegen. Am Ende der fünfziger Jahre des 16. Jahrhunderts erhielt der Bildhauer und Architekt *Bartolommeo Ammanati* (1511–1592) den Auftrag, einen monumentalen fast quadratischen Gartenhof anzubauen. Die Quattrocentofassade der Stadtseite des Palastes blieb unverändert in ihrer Rustikagliederung, während auch die drei Geschosse des Hofes, über alle drei Säulenordnungen hinweg, als *Rustika* behandelt wurden. Diese unklassische, stark plastische Fassadenbehandlung, die in ihrer Verklammerung und Verkettung typisch manieristisch erscheint, hatte ein Vorbild in der Zecca des *Sansovino* in *Venedig,* zudem war sie die manieristische Antwort auf das klassische Gleichmaß der stadtseitigen Renaissancefassade des Palastes.
Zu den berühmtesten manieristischen Palästen Italiens gehört der von *Giulio Romano* (Rom 1499 – Mantua 1546) in *Mantua* in den Jahren 1526–1534 errichtete *Palazzo del*

Hof des *Palazzo Pitti in Florenz,* um 1560–1566. In Ergänzung der Quattrocentofassade der Stadtseite des mächtigen Palastes fügte der Architekt *Bartolommeo Ammanati* auf der Gartenseite den fast quadratischen Hof hinzu, dessen eigenwillige Fassaden in typisch manieristischem Gestaltungsdrang über alle drei Geschosse und über alle drei Säulenordnungen hinweg in bedrängender *Rustikagliederung* verzahnt sind.

Tè. Der Künstler begann als Schüler *Raffaels* und wurde 1524 als leitender Architekt und Maler des Herzogs Federigo Gonzaga nach *Mantua* berufen. Seine manieristische Kunst und Innendekoration gewann großen Einfluß.

Ein Hauptmeister der italienischen manieristischen Baukunst war *Giacomo Vignola* (1507–1573). Er ging von der römischen Bramante-Schule aus, und war seit der Mitte des 16. Jahrhunderts hauptsächlich in *Rom* und im Dienst der *Farnese* tätig. Nach dem Tod Michelangelos wurde er mit der Bauleitung von *St. Peter* betraut. Sein kirchliches Hauptwerk ist die römische *Jesuitenkirche Il Gesù,* die 1568 begonnen wurde, und die in der Baukunst des Barock eine lange Nachfolge hatte. Sein *Palazzo Farnese* in *Caprarola,* 1547–1559, ist eines der prächtigsten Fürstenschlösser des Manierismus, mit hervorragender manieristischer Innenausstattung. Bei einem solchen Bauwerk ist die enge Verbindung zu den umgebenden, gärtnerisch gestalteten *Parkanlagen* wichtig. Auf diesem Gebiet bevorzugte der Manierismus geometrische und oft kompliziert ineinandergefügte Gartenbeete und Rabatten, mit Trep-

Der *venezianische Manierismus,* weist eigene malerische Züge auf, die auf die spezifische Atmosphäre der Lagunenstadt, auf ihre Farbigkeit und das sanfte Licht der Lagune Rücksicht nehmen.

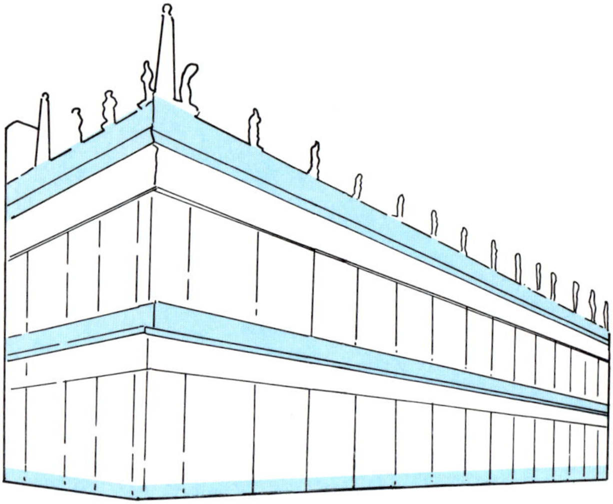

pen, Lauben, Fontänen, Statuen und Labyrinthen. Hatte das päpstliche *Rom* seit der Renaissance eine führende Bedeutung als europäisches Zentrum der Kunst, so spielte auch die reiche Seestadt *Venedig* nach wie vor eine entscheidende Rolle. Als Baumeister war hier *Jacopo Sansovino* (1486–1570) tätig. Er stammte aus Florenz, war dann in Rom tätig und kam 1527 nach Venedig, wo er sich rasch dem traditionellen malerischen Stil der Lagunenstadt anpaßte. Er wurde mit der Aufgabe der Freilegung des Markusplatzes betraut und errichtete hier an einer städtebaulich entscheidenden Stelle die *Markusbibliothek, Libreria di S. Marco,* 1536–1554. Das bühnenhaft, doppelgeschossige Gebäude mit statuenbekrönter Balustrade wirkt festlich-heiter. Manieristisch ist wiederum die betonte Horizontalerstreckung des Bauwerks und der gleichmäßig wiederholte Rhythmus der dekorativen Elemente sowie der reizvolle Gegensatz von hellen ionischen Säulen vor den dunklen Öffnungen dazwischen. Reicher bildhauerischer Schmuck erhöht den Eindruck opulenter Pracht. Die Münze der Republik, die *Zecca* schmückte *Sansovino* in drei Geschossen mit *Rustikagliederung,* was nicht nur für den Gartenhof des *Palazzo Pitti* (siehe Seite 11) sondern auch für andere Palä-

Die *Libreria di San Marco in Venedig,* die *Markusbibliothek,* errichtete der Architekt *Jacopo Sansovino* zwischen 1536 und 1554. Die Fertigstellung der Südfassade erfolgte durch *Vincenzo Scamozzi* 1583-1588.

ste folgenreich war. Die urbanistische Gesamtwirkung dieser venezianischen Bauwerke, die von einem Architekten errichtet wurden, der sich ebenfalls als Bildhauer betätigte, ist sehr beachtlich. Sein Schüler *Vicenco Scamozzi* (1552-1616), der aus Vicenza stammte, setzte seinen Stil fort. Er vollendete ebenfalls mehrere Werke, die der große *Andrea Palladio* unfertig hinterlassen hatte. Zu seinen eigenen Werken gehören die *Neuen Prokurazien* in *Venedig.*

Andrea Palladio (1508-1580) aus *Vicenca* ist einer der führenden Baumeister des 16. Jahrhunderts. Da er nicht nur als bedeutender Architekt, sondern auch als *Architekturtheoretiker* (1570: *Quattro libri dell'architettura)* hervortrat, gewann er einen ganz außerordentlichen Einfluß. Neben *Vitruv* und *Vignola* war er ein „klassisches" Vorbild, das oft nachgeahmt wurde.

Andrea Palladio (1508 -1580), der einflußreiche Architekt aus *Vicenza,* ist ein Hauptmeister der Baukunst des 16. Jahrhunderts. Er ging von den Errungenschaften der Hochrenaissance aus, übersteigerte sie jedoch in spezifischer Weise und gewann dadurch einen außerordentlichen Einfluß auf die Baukunst seiner Zeit und der kommenden Epochen, vor allem in *England.*
Er hatte die Baukunst der Antike gründlich studiert und wandte die *klassischen Formen* und *Ordnungen* souverän an.

In Venedig schuf *Palladio* seit 1566 die weithin sichtbare Kirche *S. Giorgio Maggiore,* die *Scamozzi* zu Beginn des 16. Jahrhunderts vollendete. Ein reifes Spätwerk des Meisters ist *Il Redentore* in *Venedig,* 1577-1592. An diesem Bauwerk das, wie Palladio stets, auf der klassischen Harmonie der Hochrenaissance basiert, demonstriert der große Theoretiker in vorbildlicher Weise die wohlüberlegte Kombination überlieferter und kanonisierter Formelemente, Pilaster, Halbsäulen, Giebel, Gebälk. In echohafter Wiederholung antworten die kleineren und ferneren gebrochenen Formen den nahen und größeren. Der Aufbau dieser Fassade wirkt eigenartig kühl, flach,

Il Redentore in Venedig, 1577–1592 von *Andrea Palladio* erbaut. Dieses Spätwerk des reifen Meisters staffelt kulissenhaft in geringer Tiefe klassische Architekturelemente zu einer manieristisch überhöhten Kirchenfassade. Diese Wallfahrtskirche zu Ehren des Erlösers wurde anläßlich einer Pestepidemie gelobt und war alljährlich das Ziel einer Dankprozession. Dieser Aufgabe entspricht der wirkungsvoll-dekorative Aufbau.

übereinandergeschoben, zurückhaltend. Schlanke Proportionen, dünne gerade Formen und Kanten, die zeichnerisch präzise Umreißung sind eine Eigentümlichkeit Palladios, die ihn innerhalb der Manieristen als „Klassiker" und Erben der Hochrenaissance erscheinen lassen. Vor allem als Baumeister von Palästen und großzügigen ländlichen Villen im Umkreis seiner Heimatstadt *Vicenza* wurde *Palladio* berühmt. Er beherrschte die großzügige Gliederung der *Fassaden* durch offene *Säulenstellungen,* wie z.B. bei seinem zwischen 1550 und 1557 erbauten *Palazzo Chiericati in Vicenza.* Das vornehme, weit in die Landschaft hinaus grüßende Landhaus, wie

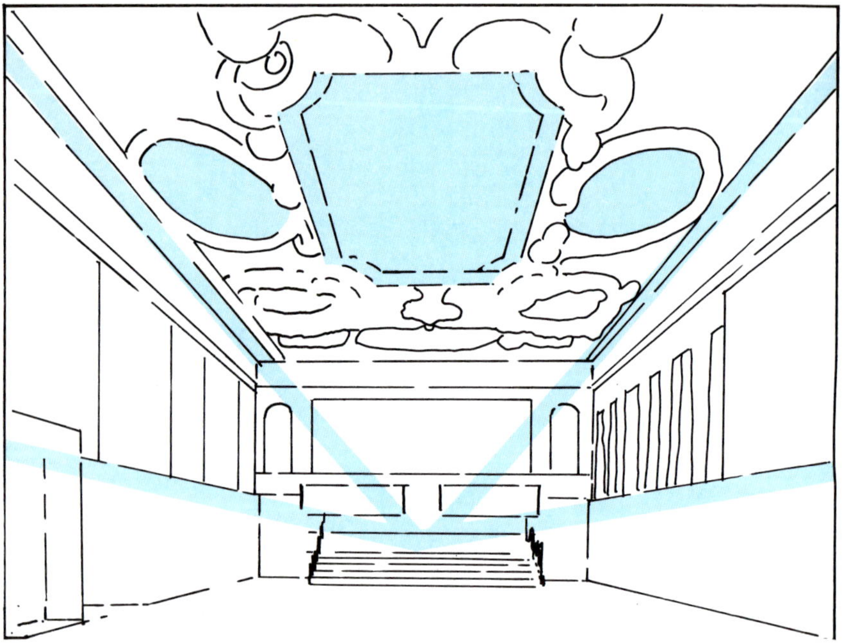

In den *Innenräumen* des *Manierismus* kommen die Merkmale dieses Stils besonders deutlich zum Vorschein. Mit venezianischer Prachtliebe entfaltet sich hier das ganze Repertoire manieristischer Dekorationskunst. Ein schlicht gelagerter Saal wird mit Schnitzerei und Vergoldung, Monumentalgemälden und schwer ineinander gefügten Rahmen zum Schauplatz staatlicher Macht. Die Gesamtstimmung ist überwältigend und unheimlich-gewittrig.

Palladios *Villa Rotonda* bei *Vicenza,* hatte eine außerordentliche Nachwirkung, nicht nur in Oberitalien, sondern auch in *England,* bis weit ins 18. Jahrhundert. Souverän wendete Palladio die Grundformen der Antike und der Renaissance, die er gründlich studiert hatte, für seine manieristischen, einfallsreichen Bauschöpfungen an. Bei seiner *Villa Rotonda,* die auf einem flachen Hügel thront, wird der kubische Baukörper von einer flachen Kuppel bekrönt, während den vier Seiten gleichmäßige Säulenvorhallen in Form antiker Tempelfronten vorgelegt sind. Ein Kuppelsaal bildet im Innern die Mitte, während die Ausstrahlung des Bauwerks nach allen Seiten in den Raum als manieristische Bereicherung erscheint. Palladio hatte den Sinn für theatralische Wirkungen und für die Bereicherung des klassischen Maßes durch Vervielfältigung und mannigfaltige Kombination der Details. Dies bewies er auch in der Ausstattung des berühmten *Teatro Olimpico* in *Vicenza,* 1579–1584, dessen Kulissen sich in manieristischem Tiefenzug scheinbar in der Unendlichkeit verlieren.

Die *Sala del Santo* im *Dogenpalast zu Venedig* wurde nach einem Brand in den Jahren 1579-1581 manieristisch ausgestattet. Typisch ist die Vorliebe für das komplizierte, schwer vergoldete Rahmenwerk der lastenden Decke mit den eingefügten Gemälden. In diesem Prunksaal trat der Senat der reichen Seestadt zu seinen Verhandlungen zusammen.

Das Bedürfnis des *Manierismus* nach imposanter Repräsentation, nach Schmuck und der staunenerregenden Kombination gegensätzlicher Elemente kommt in einer spezifisch venezianischen malerischen Ausprägung in der *Sala del Senato* des *Dogenpalastes* zu *Venedig* zum Vorschein. Nach einem Brand wurde dieser Versammlungssaal seit 1579 in Zusammenwirkung zahlreicher Künstler und Werkstätten prunkvoll wieder ausgestattet. Ein Schüler des Giulio Romano namens *Cristoforo Sorte* lieferte den Entwurf, *Antonio da Ponte* leitete die Bauarbeiten. Die Hauptwirkung kommt der prunkvollen Decke mit ihrem schweren, geschnitzten vergoldeten Rahmenwerk und den Gemälden zu, die zwischen 1585 und 1595 *Jacopo Tintoretto, Palma Giovane* und weitere Venezianer ausführten. Das gemeinsame Thema sind *Allegorien* auf die Macht und Größe Venedigs. Ein Wesenszug des venezianischen Manierismus ist die Vernachlässigung des architektonischen Details zugunsten der dekorativen Elemente und der malerischen Gesamtwirkung.

Der *französische Manierismus* schätzt die geistreiche Kombination heterogener Elemente. Zahlreiche Details, die Renaissancevorbildern und Musterbüchern entnommen wurden, konnten zu einem solchem manieristischen Torbau zusammengefügt werden. Dem Drang nach Übersteigerung und Überhöhung entspricht es, daß ganz oben eine plastische Figurengruppe mit unruhigem Umriß zugefügt wird. Die Epoche hatte Sinn für das Gesuchte und „Manierierte“

Der *Manierismus* in *Frankreich* hat ein eigenes Gesicht. Es handelt sich dabei vorwiegend um die höfische Kunst ins Land gerufener italienischer Meister, die zur Verherrlichung des Königtums beitragen sollten. Während der Kirchenbau in Frankreich nach 1500 überwiegend spätgotisch blieb, fand der Manierismus im *Palastbau* und vor allem in dessen *Innendekoration* ein weites Feld. König *Franz I.* von Frankreich, der von 1515–1547 regierte, der Gegenspieler des deutschen Kaisers, hatte Renaissancekünstler wie *Leonardo da Vinci* in sein Land gerufen. Die Förderung italienischer Künstler und das Bekenntnis zu der neuesten künstlerischen Stilrichtung entsprach zugleich einem Führungsanspruch und einem politischen Programm. Der Manierismus eignete sich vortrefflich, einen raffinierten und überlegenen Geschmack zu dokumentieren und die fürstliche, absolutistische Macht zu verherrlichen. In dem 1519 begonnenen Jagdschloß *Chambord* des französischen Königs trat bereits diese Tendenz deutlich hervor. In der Nähe von Paris ließ er seit 1528 durch *Gilles le Breton* sein berühmtes *Schloß Fontai-*

Das *Portal von Schloß Anet* in Frankreich erbaute 1552 *Philibert de l'Orme,* ein Hauptmeister des französischen Manierismus. In Rom hatte er die Bauwerke der Antike und der Renaissance studiert und wurde nach seiner Rückkehr zum leitenden Meister der königlichen Bauten bestellt. *Schloß Anet* wurde für die königliche Geliebte *Diane de Poitiers* erbaut.

nebleau beginnen, während auch der *Louvre in Paris* durch *Pierre Lescot* (1510–1578) neu gestaltet wurde. Der französische Baumeister *Philibert de l'Orme* (1510–1570) entwickelte zur Zeit des französischen Königs *Heinrich II.,* der als Sohn und Nachfolger Franz' I. von 1547–1559 regierte, einen spezifisch *französischen Manierismus,* der Elemente der traditionsreichen Spätgotik und der italienischen Hochrenaissance kunstvoll und eklektizistisch vereint. De l'Orme kam in Lyon zur Welt und ging um 1533 für drei Jahre nach Rom, über Oberitalien zurückgekehrt, war er 1540 in Paris, wo ihn Heinrich II. nach seiner Thronbesteigung zum Hofarchitekten und Leiter der königlichen Bauvorhaben ernannte. *Schloß Anet,* das de l'Orme 1547–1552 für die königliche Mätresse *Diane de Poitiers* (1499–1566) erbaute, ist sein Hauptwerk. Um 1800, nach der Französischen Revolution wurde die Anlage großenteils abgerissen, so daß nur noch die *Schloßkapelle* und das *Eingangsportal* erhalten sind. Dieses *Portal* mit seiner baukastenartigen Zusammensetzung der einzelnen Glieder ist ein typisch

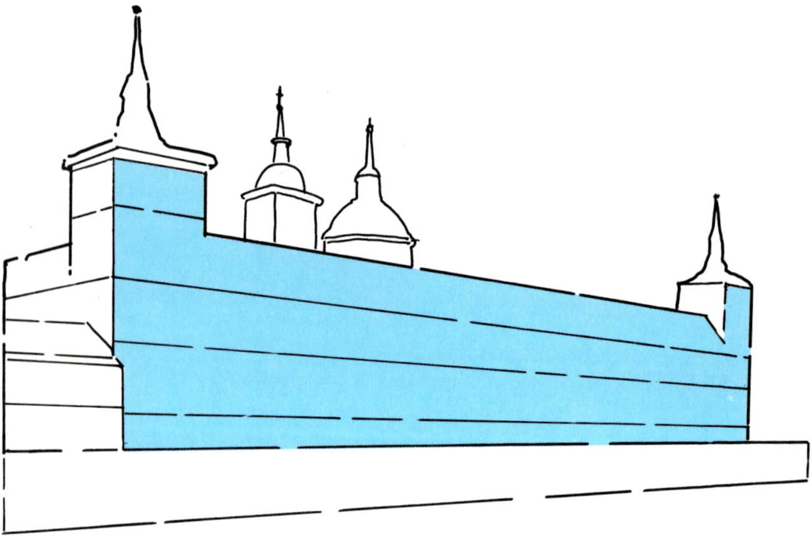

Wieder einen eigenen Charakter hat der *spanische Manierismus.* Wie das Leben am spanischen Königshof von strenger Etikette bestimmt war, so weist auch der königliche Palast *El Escorial,* der zugleich ein Kloster aufnehmen sollte, Züge monumentaler Geschlossenheit auf. In einsamer Majestät ragt der Bau mit seiner endlos gereihten Monotonie gleichförmiger Fensterzonen in den Bergen nordwestlich von Madrid auf.

manieristisches Beispiel. Die drei Zugänge erscheinen relativ klein und durch die ineinander verschachtelten Rahmenelemente beengt. Eine Fülle schmuckhafter Balustraden und Gitter sowie dekorativer Aufsätze bereichert die Komposition. Das Relief über dem Hauptportal die ruhende Göttin der Jagd mit einem stattlichen Hirsch hat oben über dem Gesamtaufbau ein Echo in einer weiteren Bronzegruppe.

Spanien, das in der Kunst eine Sonderstellung einnimmt und häufig mit Verzögerung der europäischen Entwicklung folgt, hat ebenfalls einen eigenen Manierismus hervorgebracht, dessen bedeutendstes Beispiel in der Architektur *El Escorial* ist. Dieses monumentale Bauwerk ist zugleich eine Verkörperung der spanischen Königsmacht des 16. Jahrhunderts. König *Philipp II. von Spanien,* der von 1555–1598 regierte, der Sohn Kaiser Karls V., der als Vorkämpfer des Katholizismus und Gegner der Reformation seinen traditionellen Vormachtsanspruch gegenüber Frankreich verteidigte, gelobte am Laurentiustag des Jahres 1557 die Errichtung einer Kirche

Die Südfassade des *El Escorial* erbaute *Juan Bautista de Toledo* zwischen 1563 und 1567, seinem Todesjahr. *Juan de Herrera* stockte anschließend den Südflügel auf, und gab ebenso den Ecktürmen ihre markante Gestalt. Auf der Terrasse über dem Wasserbecken wurde der Jardin de los Frailes angelegt. Der Manierismus schätzte den Kontrast des asketisch strengen Klosterkomplexes zum stets unruhig wechselnden Eindruck von Wolken und Wasserspiegelung.

samt Kloster für seinen Sieg über die Franzosen in der Schlacht bei Saint-Quentin. In der Sierra Guadarrama nordwestlich von Madrid wurde 1562 in weltferner Abgeschiedenheit dieser gewaltige Bau begonnen, der ein Kloster mitsamt der Klosterkirche und der königlichen Residenz aufnehmen sollte, wie er auch zum königlichen Mausoleum bestimmt war. Diese vielschichtig-manieristische Anlage ist einem strengen Grundprinzip unterworfen. Dem Grundriß liegt die Idee des Rostes zugrunde, auf dem der Heilige Laurentius den Märtyrertod erlitt. Eine solche vielschichtige, ausgeklügelte Grundkonzeption ist in sich schon typisch manieristisch. Der Baumeister *Juan Bautista de Toledo* entwarf den Klosterpalast, der bei seinem baldigen Tod von *Juan de Herrera* (1530–1597) weitergeführt wurde. Die Verbindung der monumentalen Klosterkirche mit einem riesigen Klosterkomplex, der um mehrere Binnenhöfe gegliedert ist, hatte als Vorbild für die Klosterbaukunst der kommenden Generationen bis zur Französischen Revolution außerordentliche Bedeutung.

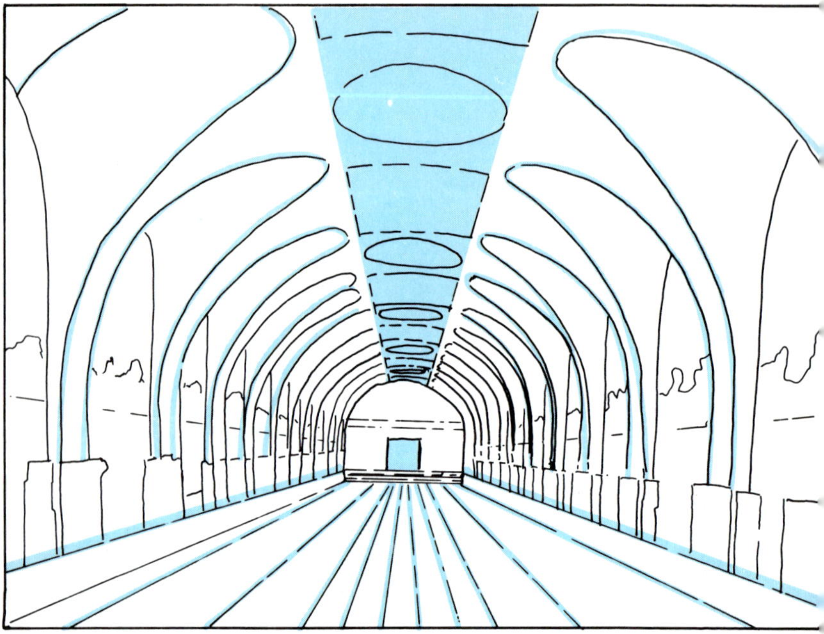

Die bayerische Residenz *München* war gegen Ende des 16. Jahrhunderts ein wichtiger Brennpunkt des Manierismus in Deutschland. In der *Residenz* wurde das *Antiquarium* errichtet. Manieristisch ist der betonte Tiefenzug des überreich dekorierten Saales, sowie die Vorliebe für eine komplizierte Wölbung, die verblüffende Assoziationen an Gerippe oder Insektenbeine nahelegt. Alles Überraschend-Rätselhafte war dem Manierismus willkommen.

In *Deutschland* wurden die Formen der *Renaissance* ebenso wie die des *Manierismus* häufig in einer dekorativen Übersteigerung angewandt, da der künstlerische *Ausdruck* hier höher bewertet wurde, als die ausgeklügelte Komposition. Der Manierismus mit seinem unersättlichen und zugleich immer wieder gehemmten Drang nach Übersteigerung, schmuckhaften Details, Echowirkungen, endlosem Tiefenzug, kam diesem Bestreben besonders entgegen. Das herzogliche *Bayern* war eine Einfallspforte des Manierismus in Deutschland. In *Landshut* ließ in den Jahren 1536–1543 Herzog Ludwig X. seine *Residenz* durch italienische Baumeister aus Mantua manieristisch verändern. Der sog. *Italienische Bau* zeigt diesen neuen Kunststil. Ein späteres Beispiel manieristischer Gestaltung ist der *Grottenhof* der *Münchner Residenz* aus den Jahren 1581–1588. Die Erweiterung der mittelalterlichen bayerischen Herzogsburg in *München* hatte in den 60er Jahren des 16. Jahrhunderts unter Herzog Albrecht V. begonnen. Sein Hauptinteresse galt dem *Antiquarium*, für seine Skulpturensammlung.

Verschiedene Hofkünstler waren an Bau und Ausstattung des *Antiquariums der Residenz in München* in den Jahren 1569-1600 beteiligt. Der einfallsreiche *Jacopo Strada* (1507-1588) aus Mantua lieferte die Pläne zu dem Bau, den der Hofbaumeister *Wilhelm Egkl* ausführte. Zwischen 1588 und 1600 erfolgte ein Umbau nach den Plänen des *Friedrich Sustris* (1540-1599), eines Vasari-Schülers. An der Ausmalung des nun zum Festsaal bestimmten Antiquariums beteiligte sich u.a. *Peter Candid.*

Erste Pläne hatte *Jacopo Strada* (1507-1588) geliefert. Dieser Künstler ist typisch für die Zeit des Manierismus. Er stammte aus dem oberitalienischen *Mantua* und kam als vielseitiger Erfinder und Gelehrter nach Deutschland. Im Jahr 1556 ist er als Berater Jakob Fuggers nachweisbar, für den er eine Sammlung antiker Skulpturen, Münzen und Bücher anlegt. Die Fugger-Sammlung erwarb dann der Bayernherzog Albrecht V., der eine angemessene Präsentation seiner Kunstschätze wünschte. Das *Antiquarium* seiner *Residenz* in *München* wurde dafür bestimmt. *Strada* ging schließlich als künstlerischer Berater an den kaiserlichen Hof nach *Wien,* wo er 1588 starb. Das *Münchener Antiquarium* bestand aus einem tonnengewölbten Erdgeschoßsaal zur Aufnahme der herzoglichen Skulpturensammlung. In den Jahren 1588-1600 erfolgte ein Umbau nach Plänen des *Friedrich Sustris* (1540-1599), eines vielseitigen Dekorateurs, der 1579 nach München berufen wurde, wo er bis zu seinem Tode zahlreiche Arbeiten ausführte - Stuck, Festdekorationen, Gemälde. Als Mitarbeiter *Vasaris* in *Florenz* hatte er sein Talent geschult.

Zahlreiche Innendekorationen wurden im späten 16. Jahrhundert in *manieristischem Stil* ausgeführt. Leider sind viele bedeutende Beispiele durch Umbauten und spätere Kriegszerstörung verloren und nur noch aus alten Darstellungen bekannt. In *Deutschland* wurden nicht nur die Residenzen der wohlhabenden Fürsten manieristisch ausgestattet, sondern auch viele kleinere Adelssitze. Eine oft schlichte architektonische Grundkonzeption wurde, wie hier im *Großen Saal* des fränkischen Hohenlohe-Schlosses *Weikersheim* um 1600 mit manieristischen Elementen, Kassettendecke mit Jagdszenen, Prunkkamin und plastisch hervortretenden Tieren an den Wänden, reich geschmückt.

Er entwarf die *Michaelskirche in München,* 1583-1597, und war ein wichtiger Vermittler für die Architektur des süddeutsch-katholischen Manierismus.

Das Heidelberger Schloß, mit dem 1556-1559 errichteten und 1689 zerstörten *Ottheinrichsbau* gehört zu den bedeutendsten Bauwerken des Manierismus in Deutschland.

Zahlreiche künstlerische Meisterleistungen des 16. Jahrhunderts in Deutschland, vor allem auch hervorragende *Innenausstattungen* sind späteren Zerstörungen zum Opfer gefallen, doch gibt es noch einige erhaltene Beispiele, zum Teil in abgelegenen Gegenden, die den Charakter dieses Stils bezeugen. Sehenswert ist z.B. der von *Jörg Schwartzenberger* in *Schloß Heiligenberg* in den Jahren 1575-1580 eingerichtete *Rittersaal,* dessen Decke mit komplizierten Mustern und detailreicher Schnitzerei die Vorliebe des Manierismus für Meisterleistungen des Schnitzer- und Schreinerhandwerks zeigt. Unter den deutschen Schlössern der Zeit verdient ferner das *Schloß zu Aschaffenburg* aus den ersten Jahren des 17. Jahrhunderts Beachtung, während *Schloß Hartenfels* in *Torgau* einen kunstvollen *Treppenanbau* aufweist, wie er für die manieristische Baukunst Frankreichs typisch ist. Zahlreiche *Rathäuser* und *Wasserschlösser* entstanden vor allem in *Norddeutschland* in der zweiten Hälfte des 16. Jahrhunderts, die spätgotische- und Renaissanceformen verbinden und in dieser Eigenart typisch manieristisch sind. Besonders auf dem Gebiet der *Innenausstattung* lebte sich der Gestaltungsdrang des *deutschen Manierismus* aus. Ein Beispiel aus einer kleinen fränkischen Residenz ist der *Große Saal* im Hohenlohe-Schloß zu *Weikersheim.* Die Felder der Kassettendecke schmückte der Maler *Balthasar Katzenberger* aus Würzburg im Jahr 1600 mit Jagdszenen. In diesem Festsaal, der den Adel nach seiner Lieblingsbeschäftigung - der Jagd - versammelte, sind auch die Wände mit lebensgroßen Stuckfiguren von Jagdtieren geschmückt, deren Hörner und Geweihe echt sind, und die z.T. halb-plastisch hervortreten. Ein großer, manieristisch überladener Kamin mit Relieffriesen, Wappen und Figuren ergänzt das Ensemble. Auch in Österreich, der Schweiz und den Niederlanden sind derartige prunkvoll ausgestattete manieristische Säle zu finden.

Die Skulptur

► Der eigenartige Drang nach übersteigerter Bewegung, Zuspitzung, Drehung, äußert sich auch in der *Skulptur des Manierismus.* Eine solche Figurengruppe ist dazu bestimmt, vom Betrachter umschritten zu werden, so daß er durch immer neue „artistische Höchstleistungen" verblüfft wird. Gerade dieser Effekt der Überraschung, der Virtuosität ist beabsichtigt.

In der *Bildhauerei* und der *Goldschmiedekunst* kommen die Wesenszüge des Manierismus ebenfalls deutlich zum Vorschein. Manieristische Skulpturen neigen generell zur *Überlängung* der Proportionen und Gliedmaßen und zu virtuos künstlichen Posen. Häufig werden gegensätzliche Erscheinungen und Temperamente zu reizvollen Kombinationen vereinigt: Mann und Frau, Jugend und Alter, Schönheit und Häßlichkeit, Triumph und Niederlage, Natur und Kunstwerk, Mensch und Tier, ebenso gegensätzliche Werkstoffe und Oberflächen.

Am Beginn der Skulptur des Manierismus steht wiederum der universale Künstler *Michelangelo Buonarroti* (1475–1564). Als Bildhauer hat er großartig übersteigerte Skulpturen wie die Medici-Grabmäler in S. Lorenzo in *Florenz,* um 1523–1534 geschaffen, deren leidenschaftliche Dynamik von zahlreichen Künstlern der folgenden Generation nachgeahmt wurde. Einer der führenden Bildhauer des Manierismus war *Giovanni da Bologna,* der auch *Giambologna* genannt wurde. Er wurde 1529 in Douai geboren und zog früh nach *Italien,* das als Hort der neuesten Kunst galt. Zwischen 1554 und 1556 war er in Rom tätig, ging dann nach *Florenz,* wo er sich 1560 an dem Wettbewerb für den Neptunbrunnen beteiligte, ohne jedoch gegen die einheimische Konkurrenz siegen zu können. Mehr Erfolg hatte er mit seinem *Neptunbrunnen* in Bologna (1563–1566). In den folgenden Jahren setzte sich Giambologna unaufhaltsam in Florenz durch, so daß er, nach Michelangelo, zum einflußreichsten Bildhauer des 16. Jahrhunderts wurde. Der Großherzog *Francesco I.* de'Medici gab ihm den ehrenvollen Auftrag für einen bronzenen *Apoll* in seinem *Studiolo,* es folgten kirchliche Aufträge für den Dom zu *Lucca* und die Grimaldi-Kapelle in *Genua.* Durch die zahlreichen *Kleinbronzen,* die der Bildhauer in seiner Spätzeit schuf, und die von den fürstlichen Sammlern begehrt wurden, verbreitete sich sein Stil rasch über ganz Europa. Ein Höhepunkt seiner Kunst war das *Reiterdenkmal Cosimos* I. in *Florenz.* In der *Loggia dei Lanzi in Florenz* fand seine berühmte Marmorgruppe von

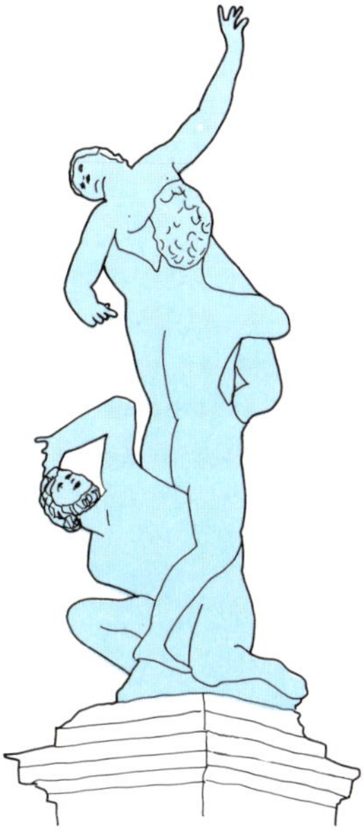

Giovanni da Bologna (1529–1608), ein Flame, der aus Douai stammte und seit 1556 im Dienst der *Medici* in Florenz stand, gehört zu den führenden Künstlern des internationalen, europäischen Manierismus. Sein manieristischer *Raub der Sabinerin* von 1583 schmückt die *Loggia dei Lanzi* in *Florenz*.

► Die Skulptur des Manierismus ist für die öffentliche Betrachtung durch geschmackvolle Kunstkenner bestimmt. *Benvenuto Cellini* (1500–1571), ein gebürtiger Florentiner, schuf zwischen 1545 und 1554 die Bronzestatue *Perseus als Sieger.* Sie war von Anfang an für die Aufstellung in der *Loggia dei Lanzi in Florenz* gedacht. In dieser Ruhmeshalle der Stadt fanden auch weitere bedeutende Meisterwerke Aufstellung (siehe S. 27). Manieristisch ist der unruhig bewegte Umriß, die Schmuckfreude sowie die Vorliebe für ein erotisches, überspitztes Thema: der schöne Jüngling der griechischen Sage hält triumphierend das abgeschlagene Haupt der *Medusa* empor. Die Feinarbeit des Sockels zeigt das virtuose Können des Goldschmieds.

1583 *Raub der Sabinerin* Aufstellung. Dieses Werk ist ein Prototyp manieristischer Skulptur. Es ist nach dem manieristischen Kompositionsprinzip der *Figura serpentinata* schraubenförmig aufgebaut. *Serpente* heißt auf italienisch *Schlange,* und die schlangenförmige, unruhig züngelnde, rasch enteilende Bewegung ist in der Tat eines der Lieblingsmotive des Manierismus. Die Gruppe besteht aus einem niedergebückten alten Mann, der verzweiflungsvoll aufblickt, über ihn hinweg schreitet, verklammert, ein kraftvoller Jüngling, der eine Frau in kunstvoller Pose emporhält, um sie zu entführen. Die Nacktheit spiegelt das Spiel der Muskeln.

In nächster räumlicher Nachbarschaft zu dem Meisterwerk Giambolognas steht in der *Loggia dei Lanzi in Florenz* der bronzene *Perseus als Sieger,* den *Benevenuto Cellini* (1500–1571) zwischen 1545 und 1554 für die Ruhmeshalle seiner Heimatstadt schuf. Auch an diesem patinagrünen Standbild kommt das Kunstwollen des Manierismus deutlich zum Vorschein. Der *Marmorsokkel* mit in Nischen eingestellten kleineren weiblichen Bronzestatuetten verrät die Schmuckfreude und den Detailreichtum des geborenen Goldschmieds. Dieser unruhig-manieristische Sockel ist in sich ein kleines Meisterwerk, an dem dekorative Widderköpfe und Masken, Voluten, Girlanden und Hermen zu einem spielerischleichten Gebilde zusammengefügt sind. Ein Relief mit der Befreiung Andromedas übernimmt, ganz unten, die Aufgabe der Lösung des Rätsels. Die Gesamthöhe der Skulptur beträgt 5,19 m. Sie hält den Vergleich zu dem riesigen *David* Michelangelos, der gegenüber am Zugang des Palazzo Vecchio steht, gut aus. Was bei Michelangelo noch Bändigung durch das Maß der Hochrenaissance ist, befreit sich bei Cellini zu virtuoser Übersteigerung. Der nackte Jüngling, der mit den Füßen auf der bezwungenen Medusa steht, hält triumphierend deren abgeschlagenes Haupt empor, aus dem das Blut traubenförmig herabtropft. Ebenso dekorativ ist unten der Blutstrahl, der aus dem Hals hervorschießt, zu Strähnen gedreht. Die Attribute, das sichelförmige Schwert, der Flügelhelm und die dem Gott Merkur entliehenen Flügelschuhe dienen der reizvollen Bereicherung.

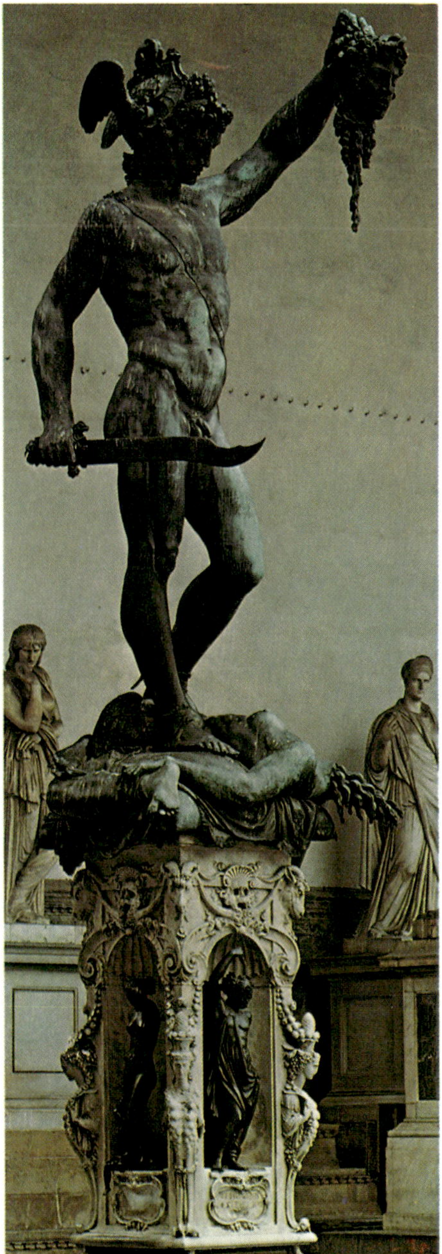

Die Vorliebe des *Manierismus* für schlankwüchsige Eleganz, erotische Nacktheit, gegensätzliche Spannungen, Kostbarkeit, Reichtum und geistreiche Anspielungen kommt auch in dieser detailreichen Kleinskulptur des berühmten *Benvenuto Cellini* zum Vorschein. Wie viele der bedeutenden Künstler seiner Zeit war er als Hofkünstler nicht nur in seiner Heimat gefragt. Manieristisch ist wiederum die Neigung zur Zuspitzung, zur Verschränkung spitzwinkliger Formen.

Benvenuto Cellini, der zu den subtilsten Bildhauern des Manierismus gehört, führte ein wechselhaftes, an Abenteuern reiches Leben. Im Jahr 1500 kam er in Florenz zur Welt, er machte seine Lehre als *Goldschmied* in Bologna, Pisa und Siena und ließ sich 1519 in Rom nieder, wo er mit Unterbrechungen bis 1540 tätig war. Die Plünderung Roms durch die kaiserlichen Truppen, der *Sacco di Roma* (1527) bedeutete einen harten Eingriff für die Blüte der päpstlichen Stadt. Cellini stand als Geschützmeister auf Seiten der Verteidiger. Durch sein aufbrausendes Temperament wurde der Künstler wiederholt in Raufhändel verwickelt. Er floh nach Florenz, Venedig und Neapel. 1538/39 in der Engelsburg in Rom eingekerkert, gelang ihm die Flucht nach *Frankreich,* wo er für Franz I. das berühmte *Salzgefäß* schuf. Das sog. Salzfaß des Königs, eine kostbare Arbeit aus getriebenem Gold mit teilweiser Emaillierung und Lackfarben, das eine Höhe von 26 cm und eine Breite von 33,5 cm hat, kreist mit manieristischer Assoziationsfreude um das Thema „Salz". Der Gott des Meeres, *Neptun,* gekennzeichnet durch den Dreizack,

Benvenuto Cellini aus Florenz war sowohl Goldschmied als auch Bildhauer. Im Auftrag des französischen Königs schuf er 1540–1543 dieses *Salzgefäß* aus getriebenem Gold, und farbigem Email, das als fürstliche Tafeldekoration bestimmt war. Nach seiner Rückkehr nach Florenz war *Cellini* als Haupt einer großen Werkstatt meist für *Cosimo I.* de'Medici tätig.

und die nährende Erdgöttin *Tellus* sind als Bewahrer des begehrten Salzes einander gegenübergestellt. In antikischer Nacktheit und klassischer Schönheit sehen sie einander, manieristisch verschränkt, an. Wie im Manierismus gewohnt, sind die Gliedmaßen überlängt, ist die Haltung elegant, sind die Gebärden gewählt. Zahlreiche zierlich ausgefeilte Attribute begleiten den Sockel der Gruppe: Wellen und Fische, Windgötter, Allegorien der Tageszeiten und zahlreiche Embleme. Die erdbeherrschende *Tellus* stützt sich auf einen kleinen Triumphbogen, der zugleich als Pfefferbüchse dient. Die eigentliche Salzschale hat die Form eines prachtvollen Kahns. Die Gruppe ist überwiegend in Treibarbeit ausgeführt, und nur kleinste Details wie Finger und Zehen und die kleinen Figürchen sind gegossen. Die Basis der Gruppe besteht aus Ebenholz und ruht auf Laufkugeln, so daß der kostbare Tafelschmuck gedreht werden konnte.
In österreichischen Besitz kam das Salzgefäß als fürstliches Geschenk König Karls IX. im Jahr 1570.
Zu den bedeutenden Konkurrenten Cellinis in Florenz

Die erfolgreichsten Künstler des *Manierismus* beschäftigten oft zahlreiche Mitarbeiter, die im Stil ihres Meisters arbeiteten. Bestimmte Grundformen und Proportionen waren Allgemeingut des Stils, so die überlängten Gliedmaßen mit ausdrucksvoll gespreizten oder gespitzten Fingern, die kleinen, ovalen Köpfe mit züngelnden Locken, die elegante und vornehme Pose, ein oft hochmütiger Ausdruck, der Überlegenheit andeutet.

gehörte der vielseitige *Bartolomeo Ammanati,* geboren 1511 in Settignano, gestorben 1592 in Florenz, den wir schon als Baumeister kennengelernt haben (S.11). Er gehörte zu den Künstlern, die Cosimo I. auf Rat *Vasaris* berufen hatte. Im Jahr 1559 gewann er gegen *Cellini* und *Giambologna* den Wettbewerb um den großen *Neptunbrunnen* auf der Piazza della Signoria in Florenz. Ammanati beschäftigte zahlreiche Mitarbeiter, um der Fülle seiner Aufgaben gerecht zu werden. Die Qualität der ihm zugeschriebenen Arbeiten ist daher sehr unterschiedlich. Die bronzene *Brunnennymphe* schmückt seinen *Neptunbrunnen,* der im Jahr 1574 enthüllt wurde. Typisch manieristisch sind wiederum die Proportionen mit dem kleinen, ovalen Kopf, den langgestreckten Gliedmaßen, der ge-

In *Florenz* war *Bartolommeo Ammanati,* Architekt und Bildhauer, mit seiner Werkstatt viel beschäftigt. Er hatte bei Bandinelli in Florenz und Sansovino in Venedig gelernt. Er baute zahlreiche Paläste und schmückte Gärten und Plätze mit Skulpturen und Brunnen. Sein *Neptunbrunnen* auf der *Piazza della Signoria* in *Florenz,* an dem sich diese bronzene *Nymphe* befindet, entstand 1571-1575.

zierten Haltung und den manierierten Gebärden. Der Gegensatz zwischen Bronze und Marmor, undekorierter und reich geschmückter Form wird bewußt herausgestellt.

Ammanati, der im Kreis gelehrter Humanisten verkehrte, war mit der Dichterin *Laura Battiferri* verheiratet. Im Alter wandte er sich unter dem Einfluß der Gegenreformation gegen die verführerische Darstellung des Nackten, worauf der Manierismus so viel Raffinesse gewandt hatte. Am Ende des 16. Jahrhunderts war der Manierismus auf unterschiedliche Weise im Begriff, seiner übersteigerten inneren Spannungen überdrüssig zu werden; die Barockzeit stand bevor, die künstlerische Lösungen von größerer Selbstverständlichkeit fand.

In seinem Streben nach überraschenden, ausgefallenen Lösungen greift der *Manierismus* gerne nach kühnen Kombinationen und Übersteigerungen. Er liebt genau so das winzig Vielfältige, Zwergenhafte wie als gegensätzliches Extrem das Riesenhafte. *Giovanni da Bologna* hat um 1580 die monumentale Skulptur *Der Apennin* im Park der Villa Pratolino-Demidoff bei Florenz als 11 m hohen Riesen gestaltet. Aus behauenen Blöcken, natürlichen Felsen, Backstein und Mörtel ist die titanische, dekorative Figur aufgetürmt. Sie enthält aus gegensätzlichen, spitzwinklig ineinander verkeilten Komponenten ihre typisch manieristische Spannung.

Das eigenartig künstlerische Verhältnis des Manierismus zur Wirklichkeit tritt auch in der *Gartenkunst* der Zeit hervor. Sie unterwarf nicht nur die organisch gewachsene Natur ihren Formvorstellungen, indem das Gelände terrassiert und durch Stützmauern und Treppen verändert wurde, sondern sie liebte ebenso geometrisch kompliziert angelegte Rabatten, überraschende Kaskaden, Springbrunnen und Wasserbecken, schattige Laubengänge mit endlosen Durchblicken, rätselhafte Gartenskulpturen. Dem Wunsch nach bizarren Einfällen entsprang z. B. auch die riesenhafte Gartenskulptur im Park der *Villa Pratolino-Demidoff,* die der berühmte Bildhauer *Giambologna* 1580 errichtete. Sie verwendet verschiedenartiges Material und bezieht die natürliche Umgebung ein.

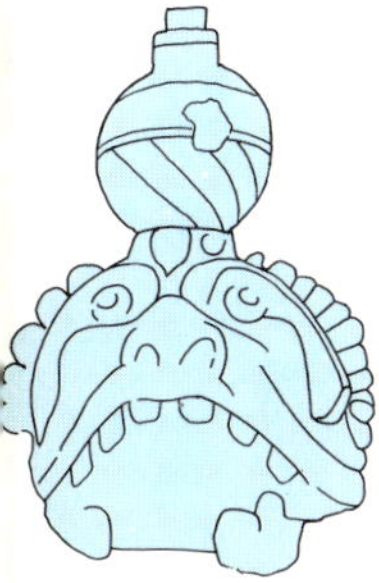

Berühmte Beispiele typisch manieristischer *Gartenskulpturen* sind die *Monstren* im Park von *Bomarzo* bei Viterbo. Für den Landsitz der römischen Adelsfamilie Orsini hat hier ein Bildhauer aus dem Kreis des *Ammanati* um 1580 eine Reihe seltsamer und rätselhafter Mischwesen geschaffen, die den staunenden Betrachter überwältigen. Riesige Hölenmäuler tun sich auf, denen zusätzlich verschiedene Attribute aufgezwungen sind. Die bizarre Übertreibung wird zum Kennzeichen dieses einfallsreichen Stils, der vor allem die *invenzione,* die Erfindung, schätzt.

Eine der eigenwilligsten Gartenschöpfungen des Manierismus ist der *Park von Bomarzo* bei Viterbo mit seinen manieristisch-rätselvollen *Monstren,* die ein unbekannter Bildhauer aus dem Kreis des *Ammanati* um 1580 schuf. Die *Gartenkunst* des Manierismus, welche die naturnahe Harmonie der Renaissance zugunsten artistischer Wirkungen aufgab, war bis ins 18. Jahrhundert hinein einflußreich. In *Tivoli* gestaltete der Neapolitaner *Pirro Ligorio* (1493-1580) für den Kardinal Ippolito d'Este die Gärten der *Villa d'Este* zwischen 1550-1573, in Rom trat *Giacomo da Vignola* (1507-1573) mit der für Papst Julius III. erbauten *Villa Giulia* hervor, nicht minder berühmt waren seine Gartenanlagen der *Villa Farnese* in *Caprarola.* *Florenz* hat die *Boboli-Gärten* beim *Palazzo Pitti.*

Die Neigung zum geistreichen Spiel, zu preziöser Erotik, zu kühler, überschlanker Eleganz, tritt beim *französischen Manierismus* hervor. Zur Zeit des französischen Königs *Franz I.*, der von 1515–1547 regierte, wurden italienische Künstler nach Frankreich gerufen. Sie bildeten die *Schule von Fontainebleau.*

Der *französische Manierismus* weist einen starken Einfluß der italienischen, speziell florentinischen Kunst auf Zu den Künstlern, die *Franz I.* zur Ausstattung seines Schlosses *Fontainebleau* nach Frankreich berief, gehören vor allem *Rosso Fiorentino* (1494–1540) und *Francesco Primaticcio* (1504–1570). Sie bevorzugten die manieristische Kombination von *Stuckdekoration* und *Malerei* Den Wanddekor in der *Galerie Franz I.* im Schloß *Fontainebleau* besorgte *Rosso Fiorentino* zwischen 1533 und 1540. Durch sorgfältige Restaurierung in jüngster Zeit konnte die manieristische Einheit wiederhergestellt werden. Um 1543 entstand auch der *Wanddekor des Salons der Duchesse d'Estampes* im *Schloß Fontainebleau* unter der Leitung des *Francesco Primaticcio.* Diese hochmanieristische Kompositionen lassen typische Eigenarten des Stils erkennen: Die Mitte eines Bildfeldes nimmt ein

Francesco Primaticcio überwachte als Hofmaler in *Schloß Fontainebleau* dessen Ausschmückung mit Stuckarbeiten, Wand- und Deckengemälden. Um 1543 entstand hier der *Wanddekor des Salons der Duchesse d'Estampes.* Schlanke Figurenpaare aus Stuck rahmen ovale Bildfelder, die von Putten bekrönt sind. Typisches *Rollwerkornament* verklammert die überreich dekorierten Gruppen.

ovales Gemälde mit unruhig bewegter Szene ein. Dieser scheinbare Durchblick wird von manieristischen Stuckfiguren gerahmt, wodurch die Umgebung wichtiger als das Zentrum erscheint. Je zwei Paare schlankwüchsiger Aktfiguren wenden sich den Rücken zu. Sie stehen mit verschränkten Füßen und halten die Arme geziert empor, was die manieristische schraubenförmige Drehung betont. Zahlreiche plastische Details bereichern die Gruppen, Bocksköpfe, Satyrhermen, Früchtegirlanden. Rollwerkkartuschen fügen zusätzlich mechanische Elemente hinzu. Mitten über dem Bildmedaillon komplizieren drei verschränkte Putten die Komposition. Das Künstliche, Gesuchte, Raffinierte, die erotische Anspielung und zugleich die Unterwerfung aller Naturformen unter das Gesetz künstlerischer Virtuosität bestimmen diesen höfischen Stil.

Der Manierismus schätzt die auf die Spitze getriebene Situation, und die Formkomplizierung. Ebenso hatte er Sinn für den reizvollen Gegensatz von Materialien und Charakteren.

In der zweiten Hälfte des 16. Jahrhunderts, in der glanzvollen Epoche kurz vor dem Ausbruch des verheerenden Dreißigjährigen Krieges, war *München* ein Zentrum der manieristischen Kunst. Hier wurden nicht nur zahlreiche einheimische Künstler und Kunsthandwerker beschäftigt, sondern ebenso ausländische Meister, die einen besonderen Ruf in der Beherrschung der neuesten *Manier* hatten. In jener Epoche waren die Künstler daran gewöhnt, auf ausgedehnten Wanderungen ihr Handwerk zu erlernen und zu vervollkommnen, um so ihren Lebensunterhalt besser zu verdienen. Sie wurden teilweise wie Virtuosen geachtet und geehrt, waren von einflußreichen Gönnern abhängig, wurden weiterempfohlen oder durch Intrigen gehindert. Sie waren von der Gunst ihrer Auftraggeber und von deren Kunstverständnis, Reichtum und Großzügigkeit außerordentlich abhängig. Es gab kunstliebende und verschwendungssüchtige Mäzene und unverständige, verarmte und geizige Herrschaften. Selbst kleinere Fürsten, Adelige und Bürger entfalteten ein Repräsentationsbedürfnis, das im Grunde über ihre Mittel ging, ein Problem, das durch die Katastrophen des 17. Jahrhunderts gewaltsam bereinigt wurde.

Einer der führenden Bildhauer des Manierismus in Deutschland war der Niederländer *Hubert Gerhard* (um 1550–1620), der sich vor allem auf den *Bronzeguß* verstand. Zum ersten mal ist er 1581 in Deutschland nachweisbar, nachdem er vermutlich bei Giovanni da Bologna gearbeitet hatte. Die reiche Augsburger Familie der *Fugger* förderte den Künstler besonders. Für Christoph Fugger schuf er einen aus Messing gegossenen Altar in der Dominikanerkirche zu Augsburg (heute im Victoria and Albert Museum in London), wie er seit 1583 für Hans Fugger das *Schloß Kirchheim* in Schwaben manieristisch ausstattete. Ein ehrenvoller Auftrag war für ihn der *Augustus-Brunnen in Augsburg,* 1589–1594, der die Kenntnis von *Ammanatis Neptunbrunnen in Florenz* verrät. Der von den Fugger empfohlene Künstler fand dann in Herzog Wilhelm V. von Bayern, in dessen Dienste er 1587 trat, einen großzügigen Auftraggeber. Gemeinsam mit den zahlreichen deutschen, niederländischen und italienischen Künstlern und Kunsthandwerkern, die damals in der bayerischen

Der *hl. Michael von der Fassade der Michaelskirche in München,* aus der Zeit um 1588, durchbohrt wie der Blitz mit diagonal überlängerter Lanze den vor Pein aufschreienden Luzifer. Ein kunstvolles Gefüge spitzwinkliger Formen und diagonaler Verschränkungen unterstützt die wirkungsvolle Dramatik der Szene.

Residenz arbeiteten, erfüllte er hier zahlreiche Aufgaben. In München ließ der bayerische Herzog und Vorkämpfer der Gegenreformation in den Jahren 1583–1597 die monumentale Jesuitenkirche *St. Michael* errichten. Ihr Vorbild war *Il Gesù* in *Rom.* Dieses Zeichen katholisch-kirchlicher Repräsentation wurde im neuesten, manieristischen Stil mit Altargemälden und schwerer Stuckdekoration reich ausgestattet. *Hubert Gerhard* erhielt den ehrenvollen Auftrag für die Fassade der Kirche um 1588 die Kolossalfigur des *Hl. Michael* in Bronze zu gießen. Dieses kraftvolle Werk stellt einen Höhepunkt manieristischer Bildhauerkunst dar. Vor einer Rundnische vollzieht sich mit dramatischem Effekt der Auftritt des siegreichen Erzengels. Er steht auf dem zu seinen Füßen niedergeworfenen muskelstarken Luzifer, der wütend und schmerzverzerrt das teuflische Maul öffnet · seine Linke versucht vergeblich die Lanze abzuwehren.

► Die manieristischen Dekorations- und Ornamentformen wurden durch Nachzeichnungen und gedruckte Musterbücher rasch verbreitet. Die Künstler des 16. Jahrhunderts unternahmen ausgedehnte Wanderungen und waren, wie ihre Auftraggeber, auf raffinierte Meisterwerke im neuesten Stil bedacht. In der kleinen norddeutschen Residenzstadt *Bückeburg* war um 1600 der Bildhauer *Hans Wolf* tätig, der den *Goldenen Saal des Schlosses* mit einer manieristischen Innendekoration schmückte, in der sich in drangvoller Übersteigerung Götter und Putten, Girlanden und Fruchtgehänge mit manieristischen Ornamenten überschneiden. In solchen Spätwerken findet der Manierismus seinen unüberbietbaren Höhepunkt.

Unter den niederländischen Bildhauern, die in Deutschland während des Manierismus als Vorbild großen Einfluß gewannen, ist schließlich *Adriaen de Vries* (1550–1626) zu nennen. Auch sein Lebensweg kann als typisch für die Epoche gelten. Er kam in Den Haag zur Welt, war um 1580 bei dem berühmten Giambologna in Florenz tätig, wurde 1588 zum Hofbildhauer des Herzogs von Savoyen ernannt. 1593 ist er in *Prag* nachweisbar, das damals eine Hochburg des Manierismus war. 1596–1602 arbeitete er in der reichen Handelsstadt *Augsburg,* wo er 1599 den *Merkurbrunnen* und 1602 den *Herkulesbrunnen* errichtete. Bis zum Tod Kaiser *Rudolfs II.* (1612) war er dann wieder überwiegend in *Prag* tätig. Anschließend fand er in dem Grafen *Ernst von Schaumburg-Lippe* einen großzügigen Förderer. Er schuf für ihn ein Taufbecken aus Bronze in Bückeburg und sein Grabmal in der Martini-Kirche zu Stadthagen, 1618–1621. Auch in diesem Falle gilt, daß selbst kleine und abgelegene Residenzen zum Hort manieristischer Kunst werden konnten. Graf Ernst von Schaumburg, der von 1601 bis 1622 regierte, ließ die *Stadtkirche in Bückeburg* in den Jahren 1611 bis 1615 errichten. Ihr bildhauerischer Schmuck macht sie zu einem der hervorragendsten Beispiele des späten Manierismus in Deutschland. Ornamentformen des berühmten Kupferstechers *Wendel Dietterlin* (um 1550–1599) wurden, wie auch an anderen Orten, hier einfallsreich variiert. Ein Beispiel für den manieristischen Kunstgeschmack des Schaumburger Grafen und seiner Hofkünstler ist schließlich der *Goldene Saal* des *Schlosses zu Bückeburg,* den der aus Hildesheim stammende Bildhauer *Hans Wolf,* der bis 1629 lebte, zu Beginn des 17. Jahrhunderts ausstattete. In ungeheurer Fülle durchdringen sich hier in manieristischer Agonie figürliche und ornamentale Motive. Götter und Göttinnen, Putten und Früchte sind in ein manieristisch-kompliziertes Rahmenwerk eingespannt, das wichtiger als sie selbst erscheint. Der Entwurf einer solchen Komposition dürfte wohl über die Phantasie eines Provinzkünstlers hinausgehen, und so liegt es nahe, dafür an *Adriaen de Vries* zu denken. Für die Ausführung standen allerdings – hier wie an anderen Orten – handwerklich außerordentlich geschickte Künstler zur Verfügung.

Das *Kunsthandwerk* erlebte in der Epoche des *Manierismus* eine außerordentliche Blüte. Die Neigung zu kostbarem Schmuck, Edelmetallarbeiten, raffinierter Mode, unruhig-flimmernder Farbenpracht war außerordentlich.

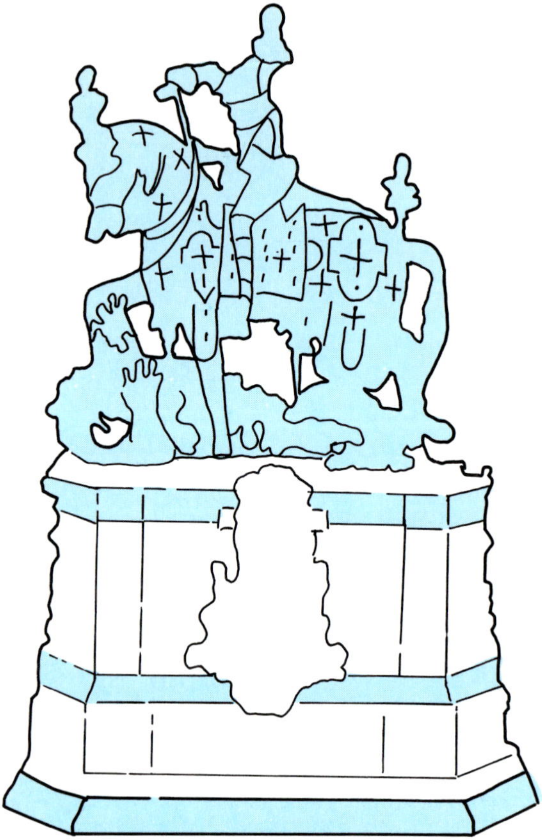

Die Blüte des *Manierismus* in *Deutschland* ist ohne diese Tradition nicht zu erklären: Zahlreiche Kunsthandwerker stellten infolge der Reformation und des Ausbleibens kirchlicher Aufträge ihr Können in den Dienst weltlicher Auftraggeber und profaner Themen. So erstaunt es nicht, daß die Epoche des Manierismus eine unübertroffene Fülle an Juwelen und Schmuck, an Kleinbronzen, Tafelaufsätzen, Pokalen, Uhren, Schmuckkästen, Möbeln und kunstgewerblichen Gegenstände aller Art hervorbrachte. Dies entsprach sowohl dem Geschmack einer saturierten Epoche als ihrer Vorliebe für das Ausgefalle-

Die manieristische Prunkliebe, unter Einsatz verschiedenster Mittel, die sich gegenseitig steigern, bestimmt auch die *Reiterstatuette des hl. Georg* aus der Zeit um 1590 in der Schatzkammer der Residenz in *München*.

ne, Gesuchte, Bizarre, Exotische, Virtuose, Vielfältige. Im weiteren Sinne zur Skulptur der Epoche sind auch die überreich dekorierten kleinformatigen plastischen Kunstgegenstände fürstlicher Sammlungen und Raritätenkabinette zu zählen, wie die überaus kostbare *Reiterstatue des hl. Georg* aus der *Schatzkammer* der *Residenz* in *München*. In manieristischer Freude an gegensätzlicher Spannung und Steigerung klingen hier Umriß und Form, Material und Glanz zu stilbestimmender Vielfalt zusammen.

Die *Malerei des Manierismus* schätzt die große, reiche Präsentation. Der Maler *Agnolo Bronzino* (1503 -1572), ein Hauptmeister des florentinischen Manierismus, schuf neben religiösen und allegorischen Gemälden und Fresken zahlreiche bedeutende Porträts, wie das der *Eleonora von Toledo mit ihrem Sohn.* Sein spezifischer Manierismus bevorzugt die vornehme Kühle. Die Dargestellten sind dem komplizierten Geflecht höfischer Konventionen unterworfen, wie ihre Haltung und ihre Tracht bezeugen.

Die Malerei

Das *Florenz* der *Medici* war in der zweiten Hälfte des 16. Jahrhunderts eine Hochburg des *Manierismus.* Der Maler *Jacopo Pontormo* (1494-1557) hatte die Forderung erhoben, die Kunst müsse die Natur *verändern,* ein Prinzip, dem die Manieristen wie sein Schüler *Agnolo Bronzino* (1503-1572) huldigten. Für die Meister der *Renaissance* war die *Natur* die große Lehrmeisterin, deren Gesetze sie ergründen und ihren harmonischen Kunstwerken zugrundelegen wollten, die Künstler des *Manierismus* strebten dagegen über diese klassische Bescheidung zwanghaft hinaus. *Pontormo* hatte bereits einen eigenartig kühlen, monumentalen, eklektischen Stil entwickelt, der die Errungenschaften eines *Leonardo da Vinci, Andrea del Sarto, Raffael, Michelangelo* und *Dürer* mit gewähltem Geschmack übersteigerte. *Bronzino,* der jahrelang mit ihm zusammenarbeitete, setzte diese manieristische Richtung meisterhaft fort, die für die höfische Repräsentation vortrefflich geeignet erschien; 1530-1532 arbeitete er im Auftrag des Herzogs von Urbino. Vor allem als *Porträtist* leistete *Bronzino* Hervorragendes, doch wurde er auch häufig für die Gestaltung manieristischer *Festdekorationen* herangezogen. Er erhielt in Florenz den ehrenvollen Auftrag für das Porträt *Cosimos I. de'Medici,* 1545/46 und für das abgebildete der *Eleonora von Toledo mit ihrem Sohn Giovanni,* aus der gleichen Zeit. In späteren Jahren, als er nach *Rom* ging, unterlag er dort dem Einfluß Raffaels und Michelangelos.
Der „Rahmen" ist, wie so oft im Manierismus, fast wichtiger als das eigentliche Thema. Bei diesem Bildnis übernimmt das Brokatgewand der Herzogin mit seinem reichen und unruhigen Muster den Hauptpart. Unauffällig hält sich dagegen die Kleidung ihres Söhnchens zurück. Die Hände und Gesichter sind seltsam entrückt, starr und bleich, in die monumental übersteigerte Komposition eingefügt. Die Darstellung bekommt dadurch eisige Vornehmheit und einen nahezu surrealen Charakter, Wesenszüge, die dem Geschmack des Manierismus entsprachen.

Die Neigung des *Manierismus* zu gesuchter Kostbarkeit, vornehm-gezierter Gesten, überirdischer Schlankheit, ovalen Gesichtern mit kunstvollen Frisuren, wird in dieser außergewöhnlichen *Madonnendarstellung* sichtbar. In kunstvoll arrangierter, gedrehter Pose thront die Gottesmutter mit dem seltsam bleichen, schlafenden Kind auf dem Schoß. Huldigend treten nackte Engel herzu. Die fast surreal überwirkliche Atmosphäre zieht den Betrachter in ihren Bann.

Antonio Allegri, genannt *Corregio* (1489–1534) war der Renaissance-Hauptmeister der Schule von *Parma,* dessen reife Werke bereits auf den Manierismus hinwiesen. Sein Nachfolger Girolamo Francesco Maria Mazzola (1503–1540), der nach seinem Heimatort *Parmigianino* genannt wurde, trieb diesen manieristischen Stil virtuos auf die Spitze. Seine berühmte *Madonna mit dem langen Hals* (Madonna del collo lungo) aus der Zeit um 1540 ist wie ei-

Parmigianinos Madonna del collo lungo, die Madonna mit dem langen Hals, ein Meisterwerk der Uffizien in Florenz aus der Zeit um 1540, zeigt den raffinierten Farbgeschmack des *florentiner Manierismus.* Sehr helle und kühle Farben mit grauer und zartbrauner Beimischung hüllen die Komposition scheinbar in hauchdünne Schleier. Die Sensibilität der Linienführung und die Zartheit der Abstufungen reihen Parmigianino unter die besten europäischen Maler des 16. Jahrhunderts ein.

ne *Figura serpentinata* der manieristischen Skulptur aufgebaut. Sie scheint gewissermaßen auf einer Drehscheibe zu ruhen, wie die kreisrunden Polster zu ihren Füßen andeuten. Das Zentralmotiv der damenhaft-eleganten Madonna mit dem seltsam übergroßen Kind wird links von nackten, überschlanken manieristischen Engeln, die zur Huldigung herantreten begleitet, während rechts im Hintergrund überlängte Säulen aufragen.

Viele Wesenszüge der gebauten *manieristischen Architektur* kommen auch bei der gemalten Architektur in den Bildern des Manierismus zum Vorschein. Ebenso tritt hier die Neigung zu kompliziert verschränkten Figurengruppen auf, die für die manieristische Skulptur kennzeichnend ist. Die einzelnen Schulen und Meister der Malerei des Manierismus weichen erheblich in Komposition, Zeichnung und Farbigkeit voneinander ab, wobei *Venedig* die malerische Stimmung des *sfumato,* bevorzugt, während *Florenz* traditionsgemäß dem *disegno,* der klar umreißenden Zeichnung, den Vorzug gibt.

Venedig besaß eine eigene, große Tradition der Malerei, die im Spätwerk *Tizians* (um 1480–1576) und im Werk des Jacopo Robusti, genannt *Tintoretto* (1518–1594) manieristisch gipfelte. Tizian, der zeitlebens die Herkunft von der Renaissance eines *Bellini* und *Giorgione* nicht leugnet, steht der klassischen Harmonie der Hochrenaissance weit näher, als der qualvoll-unruhige *Tintoretto,* der sich als typischer Manierist offenbart. In seiner *Entführung des Leichnams des hl. Markus,* aus der Zeit um 1562, tritt das deutlich hervor. Die katholische *Gegenreformation* war leidenschaftlich darum bemüht, den überlieferten Glauben mit neuer Wunderkraft zu erfüllen. Dargestellt ist, wie einst der Leichnam des heiligen Schutzpatrons der durch ihren Orienthandel reichen Seestadt Venedig von glaubenseifrigen Venezianern aus dem heidnischen

Jacopo Tintoretto malte um 1562 die *Entführung des Leichnams des hl. Markus,* die sich heute in der Accademia delle Belle Arte in *Venedig* befindet. Vor einer bühnenhaften Architekturkulisse mit energischem Tiefenzug spielt sich unter von Blitzen durchzucktem Himmel die von Wundern begleitete Entführung des Leichnams des heiligen Schutzpatrons der Lagunenstadt ab. Alle Register eines virtuosen Könnens werden gezogen, um dem Betrachter das unerhörte Geschehen nahezubringen.

Alexandria entführt wurde. Auf wunderbare Weise wurde diese fromme Heldentat begünstigt, ein Gewitter brach herein, die Feinde stürzten nieder oder entflohen. Bühnenhaft drängt sich die Gruppe der Entführer der kostbaren Reliquie auf der einen Seite zusammen, während auf der anderen Tiefe und Leere gähnen. Die gemalte Architektur mit ihrem unaufhaltsamen Tiefenzug und der endlosen Reihung gleichförmiger Motive kommt verwandt in der gebauten vor (vergl. S. 13). Die venezianische Malerei bevorzugt das golden verschwimmende *sfumato.* *Tintoretto,* der eigentliche Hauptmeister des *venezianischen Manierismus,* unterhielt eine große Werkstatt, die zahlreiche Aufträge ausführte. Für eine geistliche Bruderschaft stattete er in *Venedig* zwischen 1564 und 1588 die *Scuola di San Rocco* aus.

In *Frankreich* nahm der aus Florenz importierte *Manierismus* eigene Wesenszüge an. Die vom königlichen Hof begünstigte *Schule von Fontainebleau* diente zur Verherrlichung der Ideale einer vornehmen Gesellschaft, deren Lieblingsvergnügen die Jagd war. Wie schon die Renaissance die antike Mythologie wiederbelebt hatte, griff auch der höfische Manierismus häufig für seine Darstellungen auf die Götterwelt der Antike zurück, in der z. B. die jungfräuliche *Diana* Patronin des Waidwerks war.

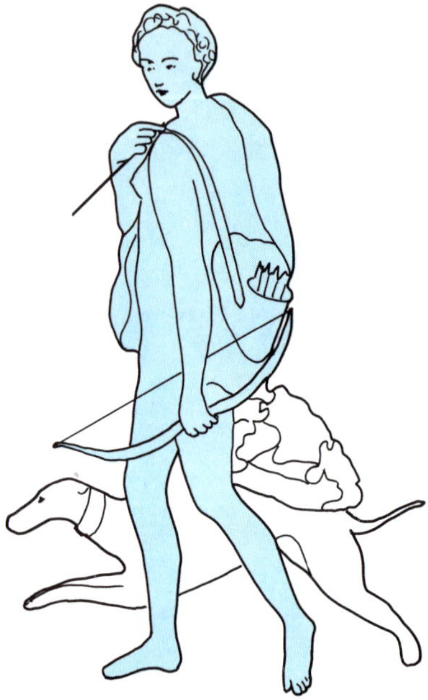

Dem Geschmack des *französischen* Königshofes kam im 16. Jahrhundert der Manierismus besonders entgegen. König *Franz I.,* der aus politischen Gründen seinen Einfluß in Italien zu festigen gedachte, berief von dorther zahlreiche Künstler an seinen Hof, darunter den greisen *Leonardo da Vinci,* der im Jahr 1519 in Schloß Cloux bei Amboise starb. Auch *Schloß Fontainebleau* wurde der künstlerischen Leitung *italienischer Manieristen* unterstellt. Die französischen Hofkünstler *Jean Clouet* (1485–1540) und dessen Sohn *François Clouet* (um 1522–1572) entwickelten eine subtile manieristische Porträtkunst, die auf der zeichnerischen Präzision der Renaissance beruht. Unter König *Heinrich II.,* der von 1547–1559 regierte, blühten die Beziehungen zu Oberitalien weiterhin. Der Monarch heiratete im Jahr 1533 aus politischen Rücksichten die Florentinerin *Katharina de'Medici.* Er zog ihr jedoch den Umgang mit seiner Geliebten *Diane de Poitiers* vor, die größten Einfluß behielt. Er erbaute für sie *Schloß Anet* (siehe S. 19) als Jagdaufenthalt. Ein namentlich nicht bekannter Hofmaler schuf das manieri-

In der französischen Kunst aller Epochen hat die geistreiche Anspielung Heimatrecht. Der unbekannte Maler der *Schule von Fontainebleau* gab der antiken Jagdgöttin die Gestalt der Geliebten des Königs, *Diane de Poitiers.* Dem manieristischen Geschmack für das Ungewöhnliche entsprach es, eine königliche Mätresse als jungfräuliche Göttin und Maß aller Schönheit darzustellen. Raffiniert wird der Gegensatz der überlegen Blickenden zu dem treuen Jagdhund zu ihren Füßen herausgearbeitet. Die überlängte Figur, die preziöse Gebärde, die spitzwinkligen Überschneidungen, die kühle Farbigkeit, bereichern die manieristische Komposition.

stische Idealbild der königlichen Mätresse, das ihr als Göttin der Jagd huldigt. In manieristisch-preziöser Haltung, und mit kühlem Blick über die Schulter, kommt die nackte Dame vor kulissenhafter Natur leichtfüßig daher. Manieristisch ist die Neigung zu elegant dargebotener Erotik, die Vorliebe für vornehme Haltung und raffiniertes Beiwerk, eine kunstvolle Frisur, ein juwelengeschmücktes Schulterband, den kostbaren Köcher samt Pfeil und Bogen, die zugespitzte Pointe.

► Eine unverwechselbare Note in den *spanischen Manierismus* brachte der große Maler *El Greco,* ein gebürtiger Grieche, der eigentlich *Domenicos Theotocopulos* hieß. Er kam 1541 auf der Insel Kreta zur Welt, wurde in der byzantinischen Maltradition ausgebildet, kam 1565 als Schüler Tizians nach *Venedig,* wo sich sein Stil wandelte. 1577 ist er in Toledo in Spanien nachweisbar, wo er 1614 starb. Ein Bild wie seine zwischen 1607 und 1614 gemalte *Auferstehung Christi* in Madrid, Prado, ist ein Meisterwerk El Grecos und zugleich des Manierismus.

Der Manierismus hat innerhalb der Malerei in *Spanien* in *El Greco* seine typischste Verkörperung gefunden. Der Künstler war seiner Herkunft nach Grieche. Er kam 1541 in Candia auf Kreta zur Welt und wurde zunächst als Ikonenmaler ausgebildet. Etwa im Jahr 1567 siedelte er nach *Venedig* über, das traditionsgemäß lebhafte Beziehungen zum Nahen Osten unterhielt. Er geriet unter den Einfluß der Malerei *Tizians* und vor allem *Tintorettos* (siehe S. 49). Seit 1570 in Rom, wurde er von kunstverständigen Kardinälen gefördert und schließlich in den 70er Jahren nach Spanien empfohlen. Nach einem Aufenthalt im königlichen Madrid ließ er sich seit 1577 bis zu seinem Tode - 1614 - in *Toledo* nieder. Die Glaubensinbrunst, die sein Werk erfüllt, brachte ihm zahlreiche bedeutende kirchliche Aufträge ein. Vor allem für *Toledo* schuf er seine manieristischen Altargemälde. *Spanien* war ein Hort der katholischen Gegenreformation, und die Kunst El Grecos schien besonders geeignet, die Religiosität jener Epoche zum Ausdruck zu bringen. Byzantinische Stilisierung, venezianische Farbigkeit und spanische Gläubigkeit befruchteten sein Werk. Wie Flammen züngeln seine manieristischen Kompositionen empor. Seine lodernde *Auferstehung Christi,* mit der griechischen Signatur des Malers - *Domenicos Theotocopoulus* - entstand zu Beginn des 17. Jahrhunderts im konservativen Spanien, als in anderen Ländern die Kunst bereits zu barocker Fülle drängte. Ein Gegenstück dieser Komposition ist die *Ausgießung des Heiligen Geistes,* ebenfalls im Prado in Madrid. Hochmanieristisch sind das schlanke Bildformat, 2,75×1,25 m, die gequälten Gesten, die Drehung und Zerrung der Gliedmaßen, die flackernde Beleuchtung, der Widerstreit spitzwinklig aufsteigender und gegenläufig fallender Bewegungen.

In allen Ländern Europas begegnen wir im 16. Jahrhundert immer wieder neuen und überraschenden Varianten des *Manierismus.* In den *Niederlanden* hatte der *Humanismus* feste Tradition, die Renaissancethemen wurden jedoch häufig in einer akademisch-lehrhaften Weise und nicht mit klassischer Selbstverständlichkeit abgehandelt. Ein eigenartig lehrhafter Zug ist oft die Folge. Es wirkt, als wollten die Künstler unbedingt ihr virtuoses Können

Die wie Flammen steil aufzüngelnde Komposition des Auferstehenden, der die Erdenwelt und alle Bewacher unter sich zurückläßt, zeigt zahlreiche typisch manieristische Wesenszüge: überschlanke Figuren, komplizierte Bewegungen, innere Unruhe und Gegensätzlichkeit, drangvolle Leidenschaftlichkeit, die hier Ausdruck übersteigerter Glaubensinbrunst ist.

▶ Die Maler des „germanischen“ Nordens, – Deutschland, England, Holland –, hatten eigene Traditionen und eine eigene Wesensart. Obwohl sie eifrig die Kompositionsweise und den Stil des romanischen Manierismus studierten und umsetzten, schlägt häufig ihre Neigung zu drastischem Ausdruck und gefühlsmäßiger Anteilnahme durch.

demonstrieren. Diese demonstrative Haltung, die mit Überraschungseffekten arbeitet und mit dem Beifall der Kunstkenner rechnet, ist jedoch zugleich ein spezifisch manieristischer Zug. Hauptsächlich in *Haarlem* war der niederländische Maler *Cornelis Cornelisz* (1562–1638), auch *Cornelis van Haarlem* genannt, tätig. Der *Bethlehemitische Kindermord* aus dem Jahr 1591 ist eines seiner Hauptwerke. Während seine *Hochzeit des Peleus und der Thetis* ein klassisches Thema behandelt, wagt sich hier der protestantische Manierist an ein biblisches Thema. Eine furiose Girlande unzähliger ineinander verschlungener Leiber kreist gestikulierend um den Tiefensog einer leeren Mitte. Das Interesse für extreme Körperhaltungen, Aktdarstellungen und bühnenhafte Beleuchtungseffekte scheint stärker zu sein als die unmittelbare Anteilnahme. Realistisch beobachtete Porträtköpfe wirken als zusätzliche Verfremdung. In den Werken seiner Spätzeit, nach 1615, wandelte sich der Künstler zu barokker Form, von der hier noch nichts spürbar ist. Zahlreiche niederländische Künstler, die bis ins 17. Jahrhundert hinein tätig waren, vollzogen nach manieristischen Anfängen diese Wendung zum Barock. Eine Sonderentwicklung machten die Gruppenbildnisse der niederländischen *Schützenstücke* durch. Es handelt sich dabei um

Der Manierist *Cornelis van Haarlem* macht seine Szene des *Bethlehemitischen Kindermords* aus dem Jahr 1591 zu einem virtuosen Geschlinge nackter Leiber. Einen typisch manieristischen Gegensatz bildet die kreisende Figurenkomposition zum Sog des Durchblicks.

Porträts der selbstbewußten Mitglieder holländischer Schützengesellschaften, die der Vaterlandsverteidigung dienten. *Cornelis Cornelisz* hat 1583 ein solches manieristisches *Schützenfestmahl,* in Haarlem, Frans-Hals-Museum geschaffen.

Der *niederländische Manierismus* erwies sich durch seine Vorliebe zu neuartiger Thematik bei einer Fülle realistischer Details als außerordentlich fruchtbar für die kommende Entwicklung, und als Nährboden künftiger *Spezialisierung.* Der Protestantismus des 16. Jahrhunderts neigte zur lehrhaften Predigt und bevorzugte bild-

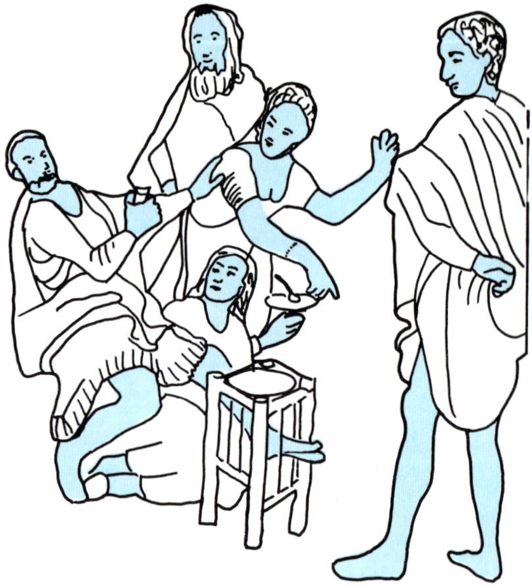

Die Neigung zu rätselhaft überfrachteten Kompositionen und zur Zusammenstellung heterogener Elemente tritt auch in christlich-lehrhaften Bildern auf, die in den Bereich der protestantischen Kunst gehören. Die traditionellen, „katholischen“ Motive und Heiligenbilder waren in diesem Bereich nicht mehr darstellbar, und so mußten neue, einleuchtende Lösungen gefunden werden, die stilistisch ebenfalls dem Manierismus angehören.

hafte Gleichnisse. Ein Bild wie *Christus bei Maria und Martha,* das der Amsterdamer Maler *Pieter Aertsen* (1508–1575) schuf, mag zur Erläuterung dieses Sachverhaltes dienen. Auffallend ist an einer solchen manieristischen Komposition, daß das eigentliche Thema, der Besuch Christi im Haus der ungleichen Schwestern, kleinfigurig im Hintergrund dargestellt ist, während das Küchenstilleben des Vordergrundes die Aufmerksamkeit fast ungebührlich auf sich zieht. Bald sollte sich das Interesse der holländischen Feinmaler den einzelnen Spezialgebieten zuwenden, dem *Stilleben* und der *Genreszene,* die hier noch in manieristischer Verschränkung innerhalb einer großen Komposition vereinigt sind.
Pieter Aertsen war als Künstler zu seiner Zeit außerordentlich beliebt. Im Anschluß an seine Lehr- und Wanderjahre ließ er sich 1530 für über zwei Jahrzehnte in *Antwerpen* nieder. Sein Neffe *Joachim Beuckelaer* (um 1533–1573), der die Art seiner Genredarstellungen fortsetzte, gehörte zu seinen Schülern. Seine bürgerlichen Auftraggeber vermochte vor allem der frappierende Realismus

Wie häufig bei manieristischen Bildern des Nordens, ist die eigentliche Hauptszene in dem Bild von *Pieter Aertsen Christus bei Maria und Martha* von 1553, relativ klein und eher beiläufig, als des Rätsels Lösung, eingefügt. Der lehrende Christus hat im Hintergrund seine gläubigen Zuhörer um sich geschart, während vorn und seitlich sich eine Fülle von Personen und Küchengegenständen breitmacht, die zum ablenkenden Bereich weltlicher Freuden gehören, vor dem der gläubige Betrachter gewarnt wird.

der stillebenhaft wiedergegebenen Gegenstände zu überzeugen. Kein anderer Maler seiner Zeit und Umwelt malte Früchte, Gläser, Töpfe, Metallschüsseln, Wasserspiegelungen so sorgfältig und getreu. Neben den biblischen Themen stellte der Maler auch *Bauernszenen* dar. In seiner Volkstümlichkeit und realistischen Detailbeobachtung berührt er sich mit seinem großen Landsmann *Pieter Bruegel* d. Ä., dem Bauernbruegel (um 1520–1569). Dieser Hauptmeister der älteren niederländischen Genremalerei und eines spezifisch nordischen Manierismus, der auf älteren Fundamenten beruht, war ein Schüler des Antwerpener Malers *Pieter Coecke van Aelst* (1502–1550), der die manieristische Richtung des *Romanismus* vertrat. Der *Bauernbruegel* lernte auf seinen Künstlerwanderungen die Werke der italienischen Manieristen kennen, doch entwickelte er einen eigenen Stil.

Die Kunst der niederländischen und deutschen Manieristen wurde durch unzählige *Kupferstiche* rasch und nachhaltig verbreitet, da im Norden die graphischen Künste eine lange und fruchtbare Tradition besaßen. Die Bedeu-

Der Neigung des *Manierismus* zur Formkomplizierung, zum Rätselhaften, Vergitterten, Gegensätzlichen entspricht auch die kleinteilige Anhäufung seltsamer naturalistischer Gebilde und ornamentaler Erfindungen. Der Manierismus schätzt über alles den artistischen Überraschungseffekt, der die unterschiedlichsten Elemente kombiniert, verfremdet und zu erstaunlichen Neuschöpfungen zusammenfügt. Das Zeitalter der Weltentdeckung findet hier seine künstlerische Entsprechung.

tung dieser graphischen Vorlagen, auch der *Musterbücher* und *Ornamentstichsammlungen,* für die Kunst des 16.–18. Jahrhunderts war erheblich. Der Manierismus schätzte häufig das *Ornament,* die *Ausstattung,* die *Dekoration,* den *Effekt* mehr als das eigentliche Bildthema, daher verdienen gerade sie bei der Beurteilung dieses Stils besondere Beachtung. Kaum eine andere Epoche der europäischen Kunst hat eine derartige Fülle von einfallsreichen und rätselhaften *Begleitmotiven* entwickelt. Einer der eigenartigsten und charaktervollsten Manieristen ist der Italiener *Giuseppe Arcimboldo* (um 1527–1593). Seine erste Ausbildung erfuhr der Künstler, der vermutlich aus Mailand stammte, in seiner Heimat. 1562 wird er in *Prag*

◀ Der um 1527 geborene Lombarde *Giuseppe Arcimboldo* kam 1562 nach Prag an den Hof des Kaisers Ferdinand I. Sein einfallsreicher Manierismus machte ihn bald zum geschätzten Hofmaler, den Kaiser *Rudolf II.* schließlich in den Adelsstand erhob. Er war auch für Festlichkeiten und Maskeraden verantwortlich, wie sie jene Epoche liebte. In seinem Phantasieporträt *Der Winter* von 1563 stellt er mit naturalistischer Detailtreue die verschiedensten Elemente, von den Baumwurzeln bis zum wärmenden Stroh und den importierten Zitronen und Orangen des Südens, virtuos zu einer bezaubernden *Allegorie* zusammen.

genannt, wohin ihn Kaiser *Ferdinand I.* (reg. 1556–1564) berief, auch unter dessen Sohn und Nachfolger *Maximilian II.* (reg. 1564–1576) erhielt der Italiener, der sich als Porträtist und einfallsreicher Dekorateur vielseitig betätigte, zahlreiche Aufträge. Seine eigentliche Blüte erlebte er jedoch unter *Rudolf II.* Dieser am spanischen Hof erzogene Herrscher war ein Anhänger der Gegenreformation. Als typisch manieristischer Charakter verdient er Beachtung. Er war vielseitig gebildet und interessiert, hatte größtes Interesse an Geheimwissenschaften, Alchimie und Astrologie, an Skurrilem und Kuriosem. Er legte umfangreiche Sammlungen an und förderte manieristische Künstler und Kunsthandwerker, die seinem Geschmack entsprachen. Von den Regierungsgeschäften zog er sich mehr und mehr zurück, bis ihn seine Verwandten zwangen, im Jahr 1608 fast völlig darauf zu verzichten. *Prag,* wo er im Jahr 1612 starb, wurde unter seinem Patronat zu einem bedeutenden Sitz der Musen und Künste. *Arcimboldo* gehörte zu den Meistern, die er bevorzugte, war jener doch außerordentlich einfallsreich in der Erfindung rätselhafter Bilder, Maskeraden und Kostüme. Im Jahr 1563 malte *Arcimboldo* den *Winter* als eines von vier *Jahreszeitenbildern.* Dieses bizarre *Phantasieporträt* zeigt den Winter in Gestalt eines alten Mannes. Bei näherem Zusehen hat diese *Allegorie,* wiederum typisch manieristisch, den Charakter eines knorrigen Baumstumpfes. Zweige bilden die Frisur, die in Efeu endet. Die Lippen sind als Baumschwamm geformt, als Halsschmuck trägt der Alte Früchte des Südens, Zitronen und Orangen, um seine Schultern hat er einen Herrschermantel aus goldenem Stroh. Die surreale Verfremdung minuziös wiedergegebener Details war das Entzücken der manieristischen Zeitgenossen.

Arcimboldo kehrte um 1590 wieder nach Mailand zurück und wurde zum Dank für seine Verdienste geadelt. Schon der manieristische Kunsttheoretiker *Giovanni Paolo Lomazzo* (1538–1600) rühmte die Kunst Arcimboldos als Muster künstlerischer Erfindung. Er geriet jedoch dann bald in Vergessenheit und wird in seiner seltsamen Bedeutung erst heute wieder gewürdigt.

Der *Farbe* kommt in der Malerei des Manierismus eine ebenso große Bedeutung zu, wie der ausgeklügelten *Komposition* und der virtuosen *Zeichnung*. Der Manierismus schätzt die zarten und gebrochenen Farbtöne, die reizvollen Nuancen, blasses Violett, fahles Rosa, Lindgrün, Schwefelgelb, Grau, golden flackernde Lichter und eine bühnenhafte Beleuchtung. Die Assoziation kostbarer Juwelen, des Gefieders exotischer Vögel oder schillernder Schmetterlinge und Reptilien liegt nahe. Auf allen Gebieten sucht der Manierismus das Seltene und Seltsame, Erotisierende und Geheimnisvolle, die virtuose Drehung und künstlich balletthafte Posen.

Der 1546 in Antwerpen geborene *Bartholomeus Spranger* gehört zu den wichtigsten Repräsentanten des europäischen Manierismus. Er hatte in seiner Heimatstadt gelernt und eignete sich dann als anpassungsfähiges Talent in verschiedenen Werkstätten weitere Erfahrungen an. Nachweislich hat er in Paris, Lyon, Parma und Rom gearbeitet. 1575 stand er im Dienst Kaiser *Maximilians II.* in *Wien,* um dann seit 1580 im *Prag* Kaiser *Rudolfs II.* sein Glück zu suchen, wo er bis zu seinem Lebensende, 1611, künstlerische Erfolge erntete. Seine Allegorie *Minerva*

Der 1546 in Antwerpen geborene Maler *Bartholomeus Spranger* war, nach längeren Studienaufenthalten in Frankreich und Italien, 1575–1580 in Wien tätig und folgte dann einem Ruf nach Prag, wo er bis zu seinem Tod im Jahr 1611 als hochgeschätzter Hofmaler *Rudolfs II.* tätig war. Sein gelehrtes Gemälde *Minerva als Siegerin über die Unwissenheit* von 1590 vereint zahlreiche Wesenszüge des Manierismus: die Vorliebe für den kompliziert-verschränkten Aufbau, gezierte Posen, Erotik, elegantes Beiwerk, kühle Farbigkeit, unruhige Beleuchtung und ein rätselhaft ausgefallenes, allegorisches Thema, das den Beifall der Kenner herausfordert und zugleich ihrem Geschmack huldigt.

als Siegerin über die Unwissenheit stellt die Göttin der Weisheit in balletthafter Pose als manieristisch gelehrtes Rätselbild dar. Sprangers raffinierte Kompositionen fanden durch die Kupferstiche, die *Hendrik Goltzius* (1558–1617) nach ihnen anfertigte, weite Verbreitung.

Insgesamt erweist sich der Manierismus in ganz Europa als charaktervoller, klar erkennbarer Stil, dessen Wesenszüge durch das neuzeitliche Interesse für Psychologie, Surrealismus und die Eigengesetzlichkeit der Kunst erneut zahlreiche Menschen faszinieren.

Fachausdrücke

Aktmalerei: Darstellung des nackten menschlichen Körpers

Allegorie: Bildhafte Wiedergabe von Begriffen und Idealvorstellungen in menschlicher Gestalt

Apotheose: Vergöttlichung eines Menschen, seit der römischen Kunst häufig dargestellt

Arkaden: Auf Pfeilern oder Säulen ruhende Bogenstellung

Attribut: Gegenstand, der einer Figur zu deren näherer Kennzeichnung beigegeben wird

Balustrade: Brüstung aus kleinen Säulchen oder Pfeilern

Beschlagwerk: Manieristisches Ornament, aus scheinbar bandartig aufgenieteten, geometrischen Metallbeschlägen

Chiaroscuro: Andeutung von Licht und Schatten, Helldunkel in der Malerei

Eklektizismus: Ein Stil, der seine eigenen Werke aus bereits vorhandenen Elementen zusammensetzt, die seinen eigenen Vorstellungen besonders entsprechen

Emblem: Sinnbild

Figura serpentinata: Spiraliger Aufbau manieristischer Skulpturen zur Wiedergabe dynamisch aufsteigender Bewegung

Fresko: (fresco = frisch). Eine Art der Wandmalerei, bei der die Kalkfarbe auf den noch nassen Putz aufgetragen wird. Die Farbe wird somit fester Bestandteil der Wand

Hermen: Der Manierismus bevorzugt Hermenpilaster und Hermensäulen, deren Oberteil als menschliche Figur und der Unterteil als runder oder eckiger Schaft gebildet ist

Intarsie: Einlegearbeit unter Verwendung verschiedenartiger Materialien, häufig bei manieristischen Möbeln und Innendekorationen

Kapitell: Kopfstück einer Säule oder eines Pfeilers

Karton: Originalgroßer Bildentwurf auf Karton, Grundlage für die Ausführung von Fresken

Karyatide: Skulptur in Form einer weiblichen Gestalt, die das Gebälk einer Architektur trägt

Kolonnade: Säulengang mit Horizontalgebälk

Loggia: Italienische, offene Bogenhalle, die von Säulen oder Pfeilern getragen wird

Manierismus: Selbständiger Stil zwischen Renaissance und Barock, der sich in der Zeit zwischen 1530 und 1600 in Europa verbreitete und von der Manier der großen Hochrenaissancemeister ausging, sie jedoch übersteigerte

Ohrmuschelstil: Ornamentform, die an Knorpelformen erinnert, im späten Manierismus beliebt

Ordnungen: Der Manierismus variiert die klassischen Ordnungen der Baukunst - ionisch, dorisch, korinthisch - in eigenwilliger Weise, seinem Bestreben nach Überraschungseffekten gemäß

Ornamentstich: Entwürfe für Ornamente und kunstgewerbliche Gegenstände wurden in der Epoche des Manierismus durch Kupferstiche weit verbreitet und oft nachgeahmt

Piazza: Italienischer städtischer Platz, der von Bauwerken gerahmt ist

Quattrocento: Italienischer Epochenbegriff für das 15. Jahrhundert

Rollwerk: Manieristisches Ornament, ähnlich dem Beschlagwerk, die Enden der Bänder sind eingerollt

Rustika: (= Bossenwerk) Quadermauerwerk zur Gliederung von Außenfassaden in Art grob behauener vorspringender Blöcke

Sfumato: Malerische Technik, bei der die Umrisse der Darstellung nicht zeichnerisch klar, sondern malerisch gemildert erscheinen, vor allem in Venedig beliebt

Stuck: Masse aus Gips, Kalk und Sand, häufig für Reliefs und Ornamente der Innenraumgestaltung verwendet

Tympanon: Bogenfeld über einem Portal, das meist plastischen Schmuck enthält

Villa: Landsitz. Häufig nachgeahmt wurden die Villen des Andrea Palladio

Bibliographie

Battisti, E. Hochrenaissance und Manierismus. Baden-Baden 1970.

Baumgart, F. Renaissance und Kunst des Manierismus. Köln 1963.

Burckhardt, J. Der Cicerone. Basel 1855. Neudruck, Stuttgart 1964.

Chastel, A. Die Krise der Renaissance, 1520-1600. Genf 1968.

Frey, D. Manierismus als europäische Stilerscheinung. Stuttgart 1964.

Hauser, A. Der Manierismus. München 1964.

Hauser, A. Der Ursprung der modernen Kunst und Literatur. Die Entwicklung d. Manierismus seit d. Krise der Renaissance. München 1973.

Hocke, G. R. Die Welt als Labyrinth. 2 Bde. Hamburg 1957-1959.

Hoffmann, H. Hochrenaissance, Manierismus, Frühbarock. Die italienische Kunst des 16. Jahrhunderts. Zürich - Leipzig 1938.

Würtenberger, F. Der Manierismus. Der europäische Stil des 16. Jahrhunderts. Wien - München 1962.

Wundram, M. Renaissance. Stuttgart 1970.

Museen

Bückeburg, Schloß: 41; Florenz, Biblioteca Laurenziana: 9; Florenz, Galleria degli Uffizi: 45, 47; Florenz, Loggia dei Lanzi: 27, 29; Florenz, Palazzo Vecchio: 4, Fontainebleau, Musée National (Schloß): 37; Haarlem, Frans-Hals-Museum: 55; Madrid, Museo del Prado: 53; München, Alte Pinakothek: 5; München, Residenz, Antiquarium: 23; München, Schatzkammer der Residenz: 43; Paris, Louvre: 51; Rotterdam, Museum Boymans-van-Beuningen: 57; Venedig, Accademia delle Belle Arti: 49; Venedig, Palazzo Ducale: 17; Weikersheim, Schloß: 25; Wien, Kunsthistorisches Museum: 31, 58, 61.

Register

Fotonachweis

Bavaria: 21, 39; Blauel: 5; Bayerische Schlösserverwaltung, München: 23, 43; Museum Boymans-van-Beuningen, Rotterdam: 57 Cramer: 41; Documentation Photographique de la Réunion des Musées Nationaux, Paris 37; Dienst Verspreide Rijkskollekties, Den Haag: 55; Holle: 13, 35, 47; Lauros-Giraudon 19, 51; Meyer: 31, 59, 61; Museo del Prado Madrid: 53; Raba: 33; Scala: 4, 7, 9, 11, 15, 17 27, 29, 32, 45, 49; Schuler: 25.